しくじる会社の法則

高嶋健夫

日経プレミアシリーズ

はじめに

財務データに現れる数字以外のところにも、「会社の良し悪し」を判断する材料があるのではないか。「しくじる会社」には何か共通点があるように思う。いろいろな会社を取材している記者には恐らく、独特な見方、視点があるはずだ――。

日本経済新聞出版社のある編集者からいただいたこんな「仮説」が、本書執筆の出発点になりました。確かに、企業取材をしていると、「この会社、どうも危ういな」とか、「この社長さん、いつか蹴つまずくんじゃないか」などと感じることはよくあります。だからこの編集者の投げかけに対して、すぐに「本社が新しくなった会社は要注意」だの、「受付が汚い会社はダメ」だの、「良い会社は例外なく、社員が元気に挨拶してくれる」だのといった、このあと縷々《るる》述べていく私の経験則が次々と頭に思い浮かびました。これを手がかりにして編集者と何度もブレーンストーミングを重ね、本書が形になっていきました。

私は日本経済新聞社に記者として入社し、主にビジネス畑で新聞、雑誌、書籍の制作に携わったあと、フリーランスライターとなって現在に至っています。途中、眼病を患って長期療養を余儀なくされた時期がありましたが、記者・編集者としての取材経験は35年以上になります。

もとより特ダネ記者でも、名コラムニストでもない凡庸な〝ごまめの歯ぎしりライター〟ではありますが、日経時代も、フリーになって以降も、中小・ベンチャー企業を主たる取材領域にしてきたこともあって、取材した「会社の数」だけは相当なものになります。世間的にはまったく知られていない「良い会社」を発掘したこともあれば、見かけ倒しの「ダメな会社」に引っかかって痛い目に遭ったこともあります。私の取材活動は「一期一会」の積み重ねのようなものです。

ブレストではそんな経験談を披露しながら、テーマや切り口を整理していきました。「確かに、そんなことってあるよね」「似たような話を経営コンサルや税理士の先生からも聞いたことがある」「以前作った経営本で、ある社長さんがこう言っていたよ」といった〝裏付け証言〟がたくさん集まり、企画の方向性が定まっていきました。

あらかじめお断りしておきますが、本書で書いたのはいわば「計測不能な定性的な部分での会社分析のヒント」であり、それによって「良い会社とダメな会社、あるいは伸びる会社としくじる会社をどこまできちんと見分けられるか」という〝確度〟に関するエビデンス——因果関係を立証する科学的・客観的な裏付け——の類は何もありません。

それ故、どこまで読者に納得していただけるか、どれだけ共感していただけるかは正直なところ、わかりません。それでも、私はある種の確信を持って本書を上梓しました。それは本文中にも書きましたが、「企業経営とは常識である」と考えるからです。ここで言う「常識」とは、人の世の営みの本質にある不変の真理という意味です。

本書で述べる「しくじる会社」についての私の見立ては、いずれも「常識」に則ったものばかりです。少なくとも、私はそう思っています。本書で紹介した数々のエピソードは実名、匿名を問わず、すべて私自身が取材・体験した実話であり、文責はすべて私が負うものであることを念のために申し添えておきます。

「しくじる会社」は、どこでわかる?

社長編

名刺交換の際は、脇に控えた秘書から丁重に渡す	□
社長らしく、いつも高級スーツ、 忙しいからメガネを拭くひまなどない	□
社員が気安く近づけないオーラをまとう。 それが威厳というものだ	□

オフィス、事業場編

待望の本社ビルが完成! 新築オフィスは会社の顔だ	□
受付に荷物が山積みなのは、商売繁盛の証拠だ	□
工場は増設に次ぐ増設。皆、バタバタと走り回っている	□

社員の態度、ご近所の評判……

来客が複数なら、当然、上位職の方を丁重に扱う	□
来客に気づかないほど、皆、仕事に熱中している	□
想定外のトラブル発生、まずは現場だけで対応を協議	□
最寄り駅から乗ったタクシー、 社名を告げたら「住所は?」	□
企業HPは代表電話、問い合わせアドレス、 地図アプリがあれば万全だ	□

※以上の項目は、すべてYESが「しくじる会社」のサインです。
なぜこれが危ないのか、他にどんな兆候があるのか、
また伸びる会社には、どんな特徴があるのかは本文で説明します。

目次

第1章　やっぱり、社長は「会社を映す鏡」　15

第2章

優れた社長は「愛」に溢《あふ》れている

言葉の端々に「有名人」が登場する
一流の接待、並の接待、ダメな接待
「広報」と「広告宣伝」を同一視する社長
社会貢献活動も、会社の宣伝のため？
「顔の広さ」と「デカい面」は紙一重、しかし……
「従業員愛」と「製品・サービス愛」は必ず伝わる
「明るい社長」は社員との距離感が近い
「従業員は、奉公人ではない」が理解できない人々
「オープンさ」と「厳しさ」と――単なる甘々との違い
「共に働く仲間」へのリスペクト――黒子に徹する幹部社員はいるか？
自社商品の細部を語れる

第4章

第6章 こんな取引先とはサヨナラしよう！
――「下から目線」のチェックポイント

第7章 ネット情報のツッコミどころ

企業HP、「裏読み的」5つのチェックポイント

「お客様ファースト」の程度を暴露する2つの基礎情報

市場・消費者に向き合う姿勢の見分け方

「企業市民」として地域社会に溶け込んでいるか

情報収集は「自分で歩き・見て・聞く」こと

企業を見分ける鉄板法則はあっても、絶対法則はない

第1章

やっぱり、社長は「会社を映す鏡」

第一印象は重要なチェックポイント

社長を見れば、会社の様子がわかる——。これは40年近い記者・編集者稼業を通じて得た私の確信です。大企業だろうと、中小・ベンチャー企業だろうと、個人商店であろうと、あるいはサラリーマン社長であろうと、オーナー経営者であろうと、それは変わりません。規模や業種に関わりなく、器量や人柄といった社長の個性は、善きにつけ悪しきにつけ、会社のカラーに色濃く投影されるからです。

私はこれまでにパーティーや講演会などで名刺交換しただけの人まで含めれば、1000人近い「社長さん」たちにお会いしたと思います。レジェンド級の大物経営者、株式公開（IPO）を果たした若手起業家、数百年続く老舗企業の後継者、地場中小企業の二世・三世社長などなど、個性豊かで有能な方々のお顔が次々に思い浮かびます。反対に、その後会社を潰してしまった人、同族間の骨肉の争いで社長の座を追われた人も見ましたし、背任や横領など違法行為が発覚してお縄になった社長さんも何人か知っています。

そうした社長さんたちとの出会いから学んだ最大の経験則が、「社長の居ずまい・立ち振る舞いは『会社を映す鏡』」というものです。

取材に訪れた会社が本物の「良い会社」かどうか。取材記者の企業ウォッチングは、社長さんとの初対面の挨拶の時からスタートします。どんな相手の場合でも、「第一印象」は重要なチェックポイントであり、経験値として「第一印象の良くない社長の会社は総じて、あまりたいした会社ではない」と言えます。まずは、このあたりから考えてみましょう。

「社長の人間性」はここで即バレする

ビジネスパーソン同士の挨拶は、当たり前ですが、「名刺交換」から始まります。このどうということのない日常動作ひとつにも、社長の人間性がにじみ出ます。

名刺交換では、忘れられない経営者がいます。土《ど》光《こう》敏《とし》夫《お》さん（１８９６〜１９８８）です。質素な生活を旨として〝メザシの土光〟と呼ばれた伝説の名経営者。新人記者の私が最初にお目にかかったビッグネームでした。私は日本経済新聞社に入社してすぐに宇都宮支局に配属されたのですが、着任してまだ１〜２週間くらいの時の出来事です。

当時、土光さんはすでに経団連の会長だったのですが、出身母体である東芝の工場視察のために来県することになり、その機会を捉えて、栃木県庁では売れ残っていた工業団地を財界に広くＰＲしようと、宇都宮市内の大型工業団地の視察をセットしました。その情報をつかんだ支局長からの指示で、短い時間でいいからインタビューができるように県のお役人に、土光さんへの取材を申し込んだのです。

取材に行った記者は私だけでした。それで、土光さんがちょっと休憩された時に「今ならいいですよ」と県庁の人にＯＫをもらい、前に進み出て「日経の宇都宮支局の高嶋です」と名刺を差し出しました。何しろ、こんな大物と会うのは初めてですから、緊張でガチガチ。名刺を持つ手が震えていたことを今でも覚えています。

ダブルの背広に身を包み、どっしりとソファーに腰を下ろした土光さんは〝荒法師《あらほうし》〟の異名そのままの堂々たる風格で、こちらを見る目は眼光鋭く、怖いくらいでした。

けれども、土光さんは「はい」と私の名刺をしっかりと受け取り、胸ポケットから自分の名刺入れを取り出して、「土光です」と言って経団連会長の名刺を渡してくれました。今から思えばごく当たり前の名刺交換なのですが、駆け出し記者だった私は「こんな大物でも名刺をくれるんだ」と、これだけで大感激でした。実際のインタビューは視察した工業団地の印象を聞いたくらいで、時間も5分か、10分程度。いわゆる〝ブラ下がり〟に毛が生えた程度のものでしたが、この時の土光さんの礼儀正しさと真摯《しんし》な受け答えは、私の心に鮮烈な印象を残し、今日まで変わらずに焼き付いています。

超大物経営者が追っかけて渡した意外な忘れ物

その夜、先輩記者が慰労のためなのか、飲みに連れて行ってくれました。私はまだ興奮状態で、「これ、一生の宝物にします」と土光さんの名刺を得意げに先輩に見せびらかしました。先輩は苦笑しながら、以前同じグループで一緒に仕事をしたキャップ記者（現場のリーダー記者）から聞いた話を教えてくれました。

それは、そのキャップ記者が土光さんの自宅に夜回り取材に行った際のエピソードです。この時、土光さんは記者を家に上げて、丁寧に取材に応じたそうです（夜回り取材は居留守を使われたり、門前払いされたりすることも多いのですが）。

取材を終え、記者が玄関前に待たせてあった黒塗りのハイヤーに乗り込もうとしていたその時です。土光さんが急ぎ足で外に出てきて「おーい君、忘れ物だぞ」。忘れたのは百円ライターでした。40年も前の話とはいえ、当時だって百円ライターは使い捨ての安物。それをわざわざ追いかけて来て、手渡してくれたのです。この記者は、評判に違わぬ土光さんのお人柄に今さらながらにノックアウトされてしまったそうです。

この話を聞いたこともあって、以来、土光さんは私にとっての「経営者のロールモデル」になりました。翌日の紙面に載ったベタ記事とともに、土光さんの名刺を私は今も大切にしまっています。

後日談があります。それから数年後、私は東京でものすごいシーンに出くわしました。

その後、土光さんは中曽根内閣の下で第2次臨時行政調査会会長としていわゆる臨調行革に取り組むことになります。私は東京に戻って中小・ベンチャー企業担当となり、青年会議所（JC）の活動もカバーすることになりました。当時、JCは民間の立場からこの「土光臨調」の行財政改革を応援しようと盛り上がっていて、品川のホテルに土光さんを招いて決起集会を開いたのです。

そのホテルで一番大きなバンケットルームは数百人のJCメンバーで熱気むんむん。そこに土光さんが登場すると、一斉に「土光、土光！」のシュプレヒコールが沸き上がりました。

壇上の土光さんも感無量の面持ちで、何度も何度もおじぎをしていました。周囲を見回すと、感激と興奮で涙を流している人さえいます。土光敏夫という人が若い経営者たちにいかに慕われているかを目の当たりにして、私はもうただただビックリするばかり。こんな財界人は後にも先にも、土光さんしかいないのではないでしょうか。

名刺を放り投げてきた〝切れ者〟商社マン

名刺交換に話を戻すと、私はその後、多くの大物財界人や有名経営者とも名刺交換することになりましたが、あの時の土光さんのように胸ポケットから名刺入れを取り出して名刺をくれた人は案外少なかったように思います。エラい人ほど、お付きの秘書から受け取って渡すというパターンが多いのです（特にパーティーなどでは）。けれども、こんな些細なことだけでも第一印象はまったく違ってくるから、気をつけなければなりません。

土光さんとは真逆の、とんでもない話があります。私が直接体験したことではありませんが、大手海運会社に勤務していたAさんが「大昔の思い出」として聞かせてくれた逸話です。

若き日のAさんが米国西海岸の駐在員事務所に赴任した時のこと。着任早々、先任の上司から「おまえ、すぐにXさんのところに挨拶に行ってこい」と命じられました。挨拶回りは大事な仕事とはいえ、まだ引き継ぎもろくにしていません。怪訝《けげん》な顔をしていると、「あの人ににらまれたら、おまえ、ここでは仕事ができないぞ」と上司はニヤニヤと含み笑いを浮かべたそうです。X氏というのは大手総合商社の駐在員で、「やり手」「切れ者」として現地の邦人社会では知らぬ者のいない存在でした。そこで、取るものも取りあえず、先方の秘書に連絡を入れて、翌日の朝一番のアポを取りました。

緊張した面持ちでその商社オフィスに出向いたAさんは、すぐにX氏の個室に通されました。X氏はアメリカ流というのか、両足をデスクの上に投げ出しながら大声で電話をしている真っ最中。やむなくデスクの前のソファーで待つことしばし。電話が終わると即座に立ち上がって、「この度着任致しました○×海運のAです。何卒よろしくご指導お願い申し上げます」と名刺を差し出しました。

すると、X氏は「おう」とひと声発すると、Aさんの名刺を受け取るでもなく、引き出しから自分の名刺を取り出して、デスク越しにAさんに向かって放り投げたというのです。それから、「よろしくな」と言うやいなや、また電話をかけ始めました。Aさんもさすがに腹が立ち、内心、「この野郎、ふざけやがって！」と思ったといいます。

Ｘ氏はその後も異例のスピードで出世していき、副社長にまで上り詰めました。しかし、航空機商戦にまつわる大型疑獄事件に連座して逮捕され、執行猶予付きの懲役刑を受けました。国会の証人喚問で、手が震えて宣誓書にサインできなかった人物、といえば年配の読書なら、誰だかすぐに思い浮かぶでしょう。

目下の者は相手が差し出した名刺を両手できちんと受け取って「頂戴します」と言ってから、自分の名刺を差し出す。これが今の常識的なビジネスマナーですが、昔は今のようにうるさいことはあまり言いませんでした。お互いに片手で名刺を渡し合って「どうぞよろしく」くらいで十分でした。とはいえ、Ｘ氏のやり方はいくら何でもあり得ません。

非礼な名刺交換、千里を走る――数秒間でわかる相手の本性

私がＡさんからこの話を聞いたのはもちろん疑獄事件のあとですが、恐らく、Ａさんは事あるごとにいろんな人たちにこの逸話を披露していたことでしょう。「非礼な名刺交換、千里を走る」といったところでしょうか。

土光さんの話も、X氏の話も、何十年も前のこと。それでも、人の記憶に消えぬ印象を残し、そして〝伝承〟されていきます。第一印象はそれほどに大切だということです。ほんの数秒間の出来事であっても、そこには必ず相手の本性——人柄、人間性、自意識、他者との接し方や目線の高さといったものが表れます。のみならず、ときにその人が所属する会社や組織の内実——企業風土、作法、流儀、普段の仕事ぶり、さらには〝社内の空気〟までもが垣間見えてきます。

だから私は、特に社長や役員クラスの場合は、初対面時の挨拶、名刺交換での相手の態度、所作、物腰、物言いをしっかりと〝観察〟させていただきます。名刺交換はまさに「人の個性」と「企業の内実」を測る最初のチェックポイントと言えるでしょう。

〝困った社長〟はメガネが汚い？

第一印象を左右するのは、名刺交換のやり方だけではありません。それも含めて、「身だしなみ」はやはりとても重要です。「身だしなみ」とは、『広辞苑』（第6版）によれば、①身の回りについての心がけ。頭髪や衣服を整え、言葉や態度をきちんとすること、②教養として、武芸・芸能などを身につけること――とあります。「社長の身だしなみ」としては、このどちらもチェックポイントになります。

まずは、①から。服装は大事ですが、例えば、ＩＴベンチャーの若い社長がＴシャツ・ジーンズ姿で取材に現れても、そのことで私が「×」を付けることはありません。問題は、単なる「身繕《みづくろ》い（＝身なりを整えること）」と「身だしなみ」の違いです。これをわきまえているかどうか、が大切なのです。

知り合いのある女性大学教授が舌鋒鋭く、〝困った社長さん〟たちの実像を喝破していました。この女性は大手シンクタンクの主任研究員から関西の大学教授に転じた方で、仕事柄、政財界に広いネットワークを持っています。彼女いわく、

「アルマーニのスーツを着て、ロレックスの時計をつけているようなタイプの経営者に限って、いつもメガネが汚れている」

要するに、辞書にある「心がけ」がそこに表れると言いたいのでしょう。決して高級ブランドに身を包むこと自体が悪いといっているのではなく、第三者は「立派な身なりにふさわしい人物かどうか」を細かく見ている。メガネの汚れに、その社長の人となりや普段の「心

がけ」、さらには②の「教養」までもが透けて見えるということです。

ＩＴベンチャーの社長がジーンズで出てきても、それが普段通りであるならば、その人や会社の「素」の姿を探る手がかりにもなりますし、取材記者としてはむしろウェルカム。ただし、どんな格好をしていても清潔感は大切ですし、ＴＰＯをわきまえないファッションはもちろん「ＮＧ」です。

それにしても、女性の目とは怖いものです。私もこの話を聞いて以降、取材に行く時（特に女性に会う時）は忘れずに、メガネをきれいに拭いてから出かけるように「心がけ」ています。

「外車を買ったら要注意！」は鉄板シグナル

「身だしなみ」はもちろん一般社員にとっても大事ですが、こと社長の場合は服装だけでなく、そのほかの「持ち物」も世間の目にさらされます。

例えば、デスクや応接セットなど社長室の調度品、壁に飾った絵画、自宅、自動車、ゴルフ道具、さらにはゴルフ会員権（どこの倶楽部のメンバーか）、ご愛用の飲食店・飲み屋はどこかまで、社長は行動の隅々まで「身だしなみ」という視点で観察されていると考えるべきです。

なかでも気をつけたいのは「クルマ」です。社有車であろうと、マイカーであろうと、世間は「どんなクルマに乗っているか」を注意深く、そして厳しくチェックします。それは企業ウォッチングの専門家も同じです。私が長年の取材活動の中で一番多く耳にした「危ない会社の見分け方」の鉄板法則は、

「社長が高級外車を乗り回すようになったら、その会社は要注意！」

というものです。これは記者、信用調査会社の調査員、銀行員、投資家、弁護士、税理士・公認会計士、コンサルタントといった専門家、そして取引先や同業他社の経営者らが異口同音に指摘する、今も昔も変わらぬチェックポイントです。「業績がいいからといって、社長がすぐに外車に買い換えるようでは先行き怪しい」というわけです。

腰を据えて真面目に経営に取り組んでいるか、資金管理は大丈夫か、お調子に乗っていないか、公私混同していないか、そもそも派手好きで見栄っ張りなのではないか。経営姿勢や日々の仕事ぶり、会社に対する責任感だけでなく、自らを律することのできる人物かどうか、

まさに「心がけとしての身だしなみ」がクルマに如実に表れる、と社会は見るのです。
早い話、ポルシェやフェラーリを乗り回す「青年実業家」なる方々がよく芸能ゴシップなどに登場しますが、私たちが彼らをどう見ているか。答えは言わずもがなでしょう。そこにやっかみや羨望があることを認めたとしても、です。もっと言えば、羨望ややっかみを買うこと自体がこの国のビジネス環境では「不利益」になり、「損こそすれ、得をすることはない」ということを理解していないとも言えます。
要するに、今流に表現すれば、「セルフガバナンス」ができているかどうか。高級外車は、それを測るベンチマークの1つになるということです。

「40歳まで新車に乗らない。50歳まで家は買わない」

「社長は自分との約束を守り、生活のレベルを上げるな」――これは、大手進学塾・日能研グループの日能研関東会長の小嶋勇《こじまいさむ》さんの言葉です。小嶋さんは1968年、弱冠26歳で横浜市内にあった自宅を改造して小さな学習塾を開き、その後、恩師でありビジネスパートナーでもある故・高木《たかぎ》知巳《ともみ》氏とともに現在の日能研グループを一代で築き上げた、いわば〝教育

〝ベンチャー〟の先駆けと言える起業家です。自らを「塾屋」と称し、創業時から塾に通う子どもたちと保護者を「顧客」と捉えた数々の新機軸やニューサービスを提供する一方、私立中学・高校関係者に対しても〝顧客本位の入試制度改革〟を提案し続けるなど、〝愛デアマン〟としても業界では広く知られています。

その小嶋さんは起業した時に「40歳になるまでは新車に乗らない。50歳になるまで家は買わない」と心に固く誓い、実際にそれを守り通したそうです。理由は至ってシンプル。「人は一度でも生活のレベルを上げると、二度と以前のレベルには戻れないから」だと言います。

小嶋さんは私とのインタビューで「こんな金言があるんだよ。知ってるかい？」と次の言葉を教えてくれました。

「会社は事業では潰れない。社長の見栄で潰れる」

この戒めを胸に刻んでずっと乗り続けた中古車で、小嶋さんは創業間もない頃には社員のアッシー君（送り迎え役）まで買って出たことがあるそうです。初めて来てくれたアルバイトの講師に対して「ウチはまだ零細なので高い給料は払えない。給料が安い分は社長の俺が体を張って誠意を見せたい」と、毎日、夜間の授業が終わると、横浜市内の塾からその講師が住む大田区まで、自分で運転して送っていったといいます。

外車どころか、新車にも乗らない。若い読者には何とも古風でストイックな立ち振る舞いに思えるかもしれませんが、社長のこうした姿勢は人の心をわしづかみにします。従業員だって人の子ですから、「社長も我慢してるんだから、俺たちも頑張ろう」となるはずです。反対の場合は「こっちは安月給なのに、社長はメルセデスかよ。やってられるか！」と文句を言いたくなるでしょう。取引先など社外の人の目も同じです。それが人情というものだし、人の口に戸は立てられないから、良い評判も悪い評判もたちまち世間に広まるのです。これが、高級外車が危険信号と目されてしまう所以《ゆえん》です。

社員の突き上げで買い換えた中古のアウディ

もっとも、例外はあるかもしれません。こんなことがありました。埼玉県内にある下請け中小企業だったと記憶していますが、最寄り駅からタクシーで15分ほどのところにある本社兼工場を取材した時のことです。

二代目という40歳代の社長へのインタビューを終え、「すみませんが、タクシーを呼んでいただけませんか」とお願いすると、その社長さんは「私、ちょうど出るところなので、駅までお送りしますよ」と申し出てくれました。玄関前で待っていると、駐車場から出てきたのはアウディの中型セダン。後部シートに乗り込み、「いいクルマですね」と話しかけると、社長さんは「いや何、中古なんですけどね」と照れたような笑みを浮かべ、送りがてら、こんな話を披露してくれました。

「実はずっと中古の国産車に乗っていたんですが、社員に怒られちゃいましてね。『社長、みっともないからいい加減に買い換えてくれ』って言うんですよ。外回りに行くと、お客さんにからかわれるらしくて、あんまりボロだから（笑）。

それで『うちは業績もいいんだから、社長のあんたがベンツやビーエム（ＢＭＷ）に乗ったって誰も文句なんか言わないですよ』って突き上げられて。私も悩んだんですが、結局、近所の中古車ディーラーを回って、こいつを見つけたんです」

社長としての自戒と世間体、社員への感謝と配慮などなどに思いを巡らしながら、社長が下した〝苦渋の決断〟がこのクルマだというわけです。ちなみに、この中古アウディ、右ハンドル車でした。社長さんの〝深謀遠慮〟ぶりがうかがえて、ちょっと楽しくなりました。

そして、駅で降ろしてもらい、アウディを見送って、歩き出した時に「ハッ」と気づきました。「外出するついでに送る」なんて真っ赤なウソで、あの社長はわざわざ私を送ってくれたのだ、と。

社長の器量は「トーク力」に表れる

社長の器や力量というものは「トーク力」に端的に表れます。取材記者の人間観察の本番は当然ながら、インタビュー中の受け答えです。質問に真摯かつ的確に答えているか、ツボの部分をわかりやすく説明してくれているか、その話には確かな根拠があるか、本音を語っているか、過度に盛っていないか（ウソは論外！）――チェックポイントはたくさんあります。

ですが、大前提として、私が一番重視しているのは、「自分の言葉で話しているかどうか」です。「自分の言葉」とはどういう意味でしょうか。

よく出くわすタイプに、やたらとカタカナ用語、例えばアメリカ発の最新のＩＴ用語や経営用語などを連発する方がいます。ハーバード大学教授などが書いた話題の経営書の言葉を引用して、「これからの経営はこうでなければダメだ」などと力説するタイプです。「確かによく勉強しているな」とは思うかもしれませんが、だからといって、それで即「できる社長だな」などと染められるほど、こっちはぬるくありません。実際にその最新理論をどれだけ自社の経営に取り込んでいるかは、ちょっと突っ込みを入れれば、バレバレです。

反対に、表現は稚拙だったり、乱暴だったり、古臭かったりしても、中身が伴っている話ならば、こちらの胸にすっと入ってきます。こんなところで引き合いに出すのは失礼かもしれませんが、前出の日能研関東の小嶋勇会長はまさにこのタイプです。小嶋さんは大変な読書家で、経営書・ビジネス書も能《よ》くされている方ですが、話しっぷりはべらんめぇ口調だし、小難しい言葉は一切使いません。話題もすべて実践・実体験ベース。だからこそ、話が力強く、説得力があるのです。

私がお目にかかり、敬意を抱いた経営者の多くは、そうした「自分の言葉で話す」方々です。町中の鉄工所や零細商店の経営者の中にも「人物」はたくさんいて、立派な見識をお持ちです。中小企業担当が長かった私は、そうした「中小企業の親父さん」たちからいろいろなことを学ばせていただきました。実際、「自分の言葉」で話す中小企業の社長さんの話は本当にワクワクドキドキ、エキサイティングなものが多いものです。

言葉の端々に「有名人」が登場する

反対に、一番つまらないのは中央省庁・自治体のキャリア官僚の話と、大企業のヒラ取や執行役員、部長クラスの話。皆さんエリートですから頭はいいし、カタカナ用語にも強いのですが、中二階のお立場上思い切ったことは言わない（言えない）から、話が無難でちっとも面白くない。これが同じサラリーマン経営者でも、社長・会長になると、大分違ってくるのですが。

トーク力に関して、私が例外なく「×」を付けるのは、いわゆる「有名人病」です。「いつもテレビに出ている○×さん、ご存じですよね。彼、私の友達なんですけど、彼がこんなこと言ってますよ」。よくいますよね、こうした話し方をする人が。話の途中で有名人の名前が次々に飛び出す場合、私は「この人にとっては、1度でも会えば知り合い、2度以上会えば友達なんだろうな」と了解させていただきます。本当に友達の場合もありますが、まぁ、大抵はそんなところでしょう。

それにしても、こうした話し方をされる社長の頭の構造を私はいまだに理解できません。何のためなんでしょうか。自分を大きく見せたいのでしょうか。高級外車と同じで、見栄っ張りであることを自ら宣伝しているだけなのに。

一流の接待、並の接待、ダメな接待

取材対応、記者会見、講演、各種会合でのスピーチなど、オフィシャルな場での「トーク力」だけでなく、社長ともなれば、宴席などのオフ会でのそれも大事です。ここでのポイントは、いわば総合的な「人間力」です。私も職業柄、経営者の方々と酒席をご一緒させていただく機会はあるのですが、これについては、前出の女性大学教授に、女性目線で感じ取った経験則を述べてもらいましょう。

「世の中には話題の乏しい殿方の何と多いことか。話と言えば、ゴルフの話か、仕事の話、それも昔の手柄話や自慢話ばかり。酒が進むと、女性の前でも平気で下ネタを連発する御仁もたくさんいます。そうした人に限って、服装のセンスもいまいち。逆にファッションセンスのいい方は話題も豊富で、勉強させていただけるし、お会いしていて楽しい場合が多いですね。

ついでに言うと、話のつまらない人は大概、出てきた食べ物を食い散らかすなど、食べ方が汚い。せっかく高級料亭や素敵なレストランにお誘いを受けても、これでは興ざめ。一刻も早く帰りたくなります」

いやはや、まったくもってトホホな実態です。「身だしなみ」の2番目の意味が、こういうところで測られているのです。

宴席の話になったところで、ビジネスには付き物の「接待」について少し触れておきます。これは小嶋勇さんの受け売りなのですが、接待には「一流の接待、並の接待、ダメな接待」の3つがあるそうです。

読者が大切な取引先を招待した場面を思い描いてください。宴が無事に進み、そろそろお開きとなりました。あなたなら、どのようにお見送りしますか?

相手と一緒に出口に向かい、相手の目の前で支払いをして、領収書をもらう。これはごく親しい間柄ならともかく、一般的には「ダメな接待」になります。次に、お開き間近にトイレに立つ振りをして、先に支払いを済ませて、出口までご一緒する。これくらいは誰でもやっていそうですが、これは「並の接待」です。

では、「一流の接待」とはどんなものか。先に支払いを済ませたうえで、玄関前にクルマ（タクシーまたは相手が乗ってきた社用車）を回しておき、相手がクルマに乗り込む時に「つまらない物ですが、奥様にもどうぞよろしくお伝えください」などと言って、さりげなく手土産を渡す。そして、「本日はお忙しい中を、本当にありがとうございました」と、クルマが見えなくなるまで深々と頭を下げ続ける。

なるほど、ここまでやれれば〝できそうで、できない〟見事な差配と言えそうです。これは社員教育・しつけの問題ですが、あえて言えば「会社の身だしなみ」かもしれません。

「広報」と「広告宣伝」を同一視する社長

数々の企業取材を重ねた経験から感じるのは、特に成長期の中小・ベンチャー企業で顕著なのですが、「社会常識に欠ける社長」が散見されることです。

典型例が、「広報」と「広告宣伝」の違いをきちんと理解していない人です。これは経験値の問題でもあるのですが、正直言って、手を焼く場合が多くて閉口します。

媒体の性格や企画の趣旨によっても異なりますが、一般的な新聞、雑誌の取材は金銭の授受は伴いません。インタビューしてもお金を払うことも、受け取ることもありません。そして、ここが重要なのですが、取材を受けた以上、書かれた記事には文句は言えません。もちろん、記者が事実関係を間違えたり、誤解したりすることはあり得ます。そんな場合は、取材された側が訂正を求めて、厳重に抗議できるのは当然です。

あってはならないことですが、かくいう私も何度か失敗してしまい、訂正記事を出したり、取材先にお詫びに参上したりと、半ベソで事後処理にあたった苦い経験があります（ご迷惑をおかけして、本当にごめんなさい。今も深く反省しています）。

ただし、単に「自分の意に沿わない書き方をされた」からといって、それを「直せ」は正当な理由がない限り、できない相談です。「宣伝になると思うから取材を受けたのに……」などと臆面もなく言ってくる社長さんも結構います。メディアが公器なら、一般の会社もまた公器（非公開企業であっても）。取材は真剣勝負であり、書く方だけでなく、話す方にも責任感と覚悟が求められるのです。

社会貢献活動も、会社の宣伝のため？

　私が経験したワーストケースは、数年前、あるメディアサイトに載せた記事の主見出し（タイトル）にクレームを付けてきた某中堅企業の社長さんのケースです。その見出しは、私が書いた記事の一番センセーショナルな部分を抜き出して付けたもので、少々ドギツイ表現だったのは確かですが、間違いではありませんでした。

　見出しだけを見た人の中にはあるいは誤解した向きもいたかもしれませんが、およそリテラシーのある読者なら理解できる範囲だし、記事本文を読めばどんな趣旨かは正しく理解できるはずと信じます。事実、その社長も記事の内容自体にはクレームを付けませんでした。そもそも、その記事は当該会社を批判したり、けなしたりするのではなく、社会貢献活動を賞賛する内容でした。

　見出しを付けるのは編集部の権限ですし、そんな理由もあるから、私も容認していたのです。ところが、その社長は我慢ならなかったのでしょう。ひどい言葉で私をののしり、いくら記事制作の流れやこちらの意図を説明しても聞く耳持たずで、「これじゃあ、ウソになる！」

の一点張り。まさにモンスターです。やむなく、編集部と相談して、主見出しを少しトーンダウンする形で修正することで手打ちとなりました。

と、まぁ、ここまでは割とよくある話です。問題だったのは、社長の次のような異常行動です。こちらに抗議をする前に、なんと、自社のホームページに一方的に「本日、○×サイトに掲載された当社に関する記事には誤りがありますので、次のように訂正致します」といった文章を勝手に載せていたのです。これには、あきれました。「第三者が書いた記事を取材された側が直す」などという話は聞いたことがありません。社会常識も、ルールもあったものではない。こちらはもちろん強く〝逆抗議〟し、見出しの修正と同時に削除させたことは言うまでもありません。

想像するに、この社長はそれまで自社の社会貢献活動を褒められる記事しか書かれたことがなく、そのため、メディアとは「自分の期待通りに表現してくれる宣伝媒体」とでも勘違いしていたのでしょう。

私も素晴らしい活動と思って取材したわけですが、この件によって、私の評価は一変しました。この社長の本当の目的が透けて見えたからです。今日まで、私はこの会社を再訪したことはありません。

「顔の広さ」と「デカい面」は紙一重、しかし……

もう1つは、「有名人病」にもつながることですが、「ネットワーク力」の勘違い・はき違え。これで思い出すのが、首都圏に立地する地場建材産地のとある二世社長さんです。需要低迷で苦戦するこの産地にあって、ユニークな発想のニュービジネスを独自に展開し、地元では〝期待の星〟と目されていました。取材当時、私がまだ20歳代半ば、その社長も40歳前後でした。

最初の取材でその新事業のニュース価値を認めた私は、早速、記事にしました。社長本人も決して饒舌《じょうぜつ》なタイプではなかったものの、産地の現状や建設業界の将来動向などを説得力ある話し方で語っているように感じられ、好印象を持ちました。

しかし、数カ月後の2度目の訪問で、その印象は吹っ飛びました。社長室での取材の真っ最中、突然ドアが開き、恰幅のいい老紳士がどかどかと入り込んできました。小さな会社ですので、広報担当者も秘書もいませんでした。すると、社長さんはいきなり入室してきたマナー違反をとがめるでもなく、「やぁ、○×さん。今、日経さんの取材を受けているところでしてね。いい機会だから、ご紹介しますよ」と話を止めて、私に名刺交換するよう促しました。この老紳士は産地組合の幹部で、市議会議員もやっている〝地元のドン〟のようでした。

こうして、有無を言わさずに名刺交換させられることになったのですが、その時です。社長さんは「いやぁ、実は彼、僕の大学の後輩でしてね」と言い放ったのです。私はカチンときて、一瞬、ムッとした表情になってしまったことを今でも覚えています。その口調は、いかにも自分が面倒を見てきた可愛い後輩とでも言いたいかのように、少なくとも、当の私には聞こえたからです。

確かに、この社長と私は同じ大学の卒業生でした。そのことは前回の取材の時にわかりました。けれども、学部は違うし、年齢もひと回り以上離れている。同じサークルに入っていたわけでもない。私の出身大学は「石を投げれば……」と揶揄《やゆ》されるマンモス大学で、卒業生などそれこそどこにもゴロゴロ転がっています。

私は「こっちが若造だからといって、それはないだろう！」と憤慨しました。私たちが会ったのはこれで2回目。それも取材というオフィシャルな面談です。お互いに相手の年齢やバックグラウンドに関係なく、礼節をもって向き合うことはビジネスマナーの基本です。この人にはそんな社会常識もなかったのか、と思いました。実際、私がどん引き状態になっていることに気づいても、社長さんは困惑したような表情を浮かべるだけでした。

この社長に悪気はなく、市議さんと私の双方に「ちょっといい顔がしたかった」だけなのでしょう。市議さんに対しては、自分の顔の広さ、ネットワーク力を誇示したい。私には、地元の大立て者を気軽に紹介してあげるフランクさ、懐の深さ、面倒見の良さを見せたい。多分、そんなところでしょう。でも、それは考え違い、立場のはき違えです。自分を大きく見せたいのなら、もっと別の方法を考えるべきです。

この会社にも、私は二度と足を向けることはありませんでした。この社長と付き合っていても、どんなふうに〝利用〟されるかわからない。そんな警戒心を抱いたからです。

第2章

優れた社長は「愛」に溢《あふ》れている

「従業員愛」と「製品・サービス愛」は必ず伝わる

「良い社長」からは例外なく、「会社愛」が伝わってきます。これも重要なチェックポイントです。自分の会社をどれだけ大切にしているか、自分たちの仕事にどれだけ誇りを持っているかは、インタビュー中の発言や立ち振る舞いにごく自然ににじみ出てきます。

「会社愛」には、大きく分けて2つあるように思います。1つは「従業員愛」。自分の会社で働き、汗を流している社員たちを「かけがえのない仲間」としてどれだけ大事にしているか。日頃から敬意を持って接しているか。ここには配偶者や親兄弟、子どもたちに対する「家族愛」や、顧客、取引先、取引銀行、株主、地域コミュニティーなどに対する「ステークホルダー愛」を加えてもいいでしょう。

もう1つは「製品・サービス愛」や「技術愛」。自社が製造している製品、提供しているサービス、開発した技術に対する自信と誇り、責任感。そして、常に前を向いて、品質改良・性能向上・イノベーションに挑み続ける、強い意志と飽くなき努力。社業に取り組む姿勢が、ここに表れます。

よく語られる「カリスマ性」とか、「オーラ」とかは、そうした「会社愛」を源流として発露し、次第に大きく、豊かに拡散していくものなのではないでしょうか。本章では、私が垣間見たレジェンド経営者たちのさまざまな「会社愛」の断片をご紹介しながら、「良い社長」のチェックポイントを考えてみましょう。

「明るい社長」は社員との距離感が近い

まずは、私が確信する経験則の1つをご紹介しましょう。

「社長が明るい会社は雰囲気が明るく、風通しも良い」

社長の明るさは大抵の場合、そのまま従業員に伝播《でんぱ》して会社の空気を明るくし、風通しの良い企業風土をつくり、ひいては社長と社員の信頼関係を醸成します。言い換えれば、「社長の会社愛」がそのまま素直に「従業員の会社愛」を生み出す、と思うのです。

企業取材では、社長さんや事業担当者と一緒に工場、倉庫、店舗などを見て回ることがよくあります。私はある意味、応接室でのインタビュー以上にこの〝同行視察〟を重視しています。第4章で詳しく述べるように、第一義的にはその会社の実力をより深く理解できるからですが、同時に、社長さんが普段から従業員とどのように接しているか、触れ合っているか。それがはっきりと見て取れるからです。

社内ですれ違う社員の方々がこちらに気づいた時に、きちんとお辞儀をしたり、挨拶したりしてくれるか。工場内で「おーい、○×さーん」と社長に呼びかけられたラインの責任者がすっ飛んで来て、親切に説明してくれるか。こうしたさりげない場面に、従業員のしつけやモラールがわかるだけでなく、社長の「(裏表のない) オープンさ」や「社長と社員の距離感」が隠しようもなく表れます。

こうした場面で、「良い社長」は必ずといっていいほど、誰にでもきちんと名前で呼びかけ、一言、二言、短い対話をかわします。新人社員だったら、「どうだい、○×君。大分慣れてきたみたいだね」といった具合です。そして「良い会社」では必ずといっていいほど、声をかけられた社員たちは目をキラキラと輝かせて、元気に明るく受け答えするものです。その源泉となっているのは、社長さんが日頃から身をもって示している「明るさ」や「オープンさ」だと思います。

「従業員は、奉公人ではない」が理解できない人々

米ゼネラル・エレクトリック(GE)でかのジャック・ウェルチの下で上級副社長まで上り詰め、昨年(2016年)までLIXILグループ(リクシル)の社長兼CEO(最高経営責任者)を務めた藤森義明《ふじもりよしあき》さんも、近著『リーダーは前任者を否定せよ』(日本経済新聞出版社)の中で「リーダーがオープンである」ことの重要性を説いています。

藤森さんはそのためにGE時代も、リクシルに移ってからも、専門家による「CEOコーチング」を受けてきたそうです。一番気にかけているのは「自分が恐怖政治をやっていないか」の再点検。そこで、第三者の目で自分の行動をチェックしてもらおうと、定期的にコーチングを受けるというのです。

ことほどさように「オープンさ」は大切なわけですが、ただし、いくらオープンに社員に接し、社員との距離感が近いからといって、はき違えた行動は厳禁です。中小企業のオーナー社長が厳に戒めなければならないのは「公私混同」。おカネと同じで、従業員は決して社長個人の奉公人ではありません。当たり前のことですが、この点で「?」を感じさせる社

長さんは決して少なくありません。情けない話です。

あなたは社員に横柄な物言いをしていませんか？　プライベートの買い物など私事の雑用を押しつけていませんか？　休日ゴルフで社員に運転手をさせたことはありませんか？　これについても悪しき実例をたくさん見聞きしていますが、あまりにもレベルが低いので、「第三者はそこまで見ているぞ！」という注意喚起に留めておきます。

「オープンさ」と「厳しさ」と——単なる甘々との違い

オープンなのは結構なのですが、だからといって、「社員に嫌われたくないから」対応が甘々になったり、言いたいことも我慢したりするようでは、経営者は務まりません（2代目・3代目社長の中にはそんな気弱なタイプもときおり見かけます）。

この点で言うと、ソニーの盛田昭夫《もりたあきお》さん（1921～1999）は「会社愛」に溢《あふ》れ、社員に対する「オープンさ」と「厳しさ」をバランス良く実践していた経営者だったという印象を持っています。

盛田さんには一度だけ単独インタビューさせていただいたことがあります。1980年代半ば、まだ品川・御殿山にあったソニー本社に行き、経団連の役員でもあった盛田さんに日米貿易摩擦についての経団連とソニーの対応を取材しました。当時のソニーはとっくの昔にグローバルブランドになっていたにもかかわらず、全社員（男性も女性も）がお世辞にもカッコいいとは言えないジャンパーを着用しているような、まだ中小企業的なカラーを色濃く残している会社でした。もちろん、盛田さんも同じジャンパー姿で現れました。

この時の印象で今も心に焼き付いているのは、話の中身よりも、盛田さんの飾り気のない、お茶目なお人柄です。この当時の企業応接室にはどこでも来客用の灰皿、タバコ、ライターが置いてありましたが、盛田さんも愛煙家で、平気な顔で来客用のタバコに手を伸ばしては備え付けのライターで火を点け、スパスパ吸っていました。ところが、そのライターの調子が悪くて、最後はとうとう火が点かなくなりました。

すると、盛田さんは口をとがらせて、隣にいた広報担当者に「おい、これ、直しといてくれよぉ。前から調子悪いんだよ」。まるで母親に向かってだだをこねる子どものようで、私は思わず噴き出してしまいました。怒られた広報氏も「すみません、やっときます」と答えながらも、顔はニッコニコ。ホント、いい感じでした。

それから10年ほどあと、今度は当時社長だった大賀典雄《おおがのりお》さん（1930～2011）にインタビューしました。高齢者や障害者にも使いやすいユニバーサルデザインのモノ作りについての取材でした。インタビューの中で、大賀さんは「新しさばかりを追いかけて、ユーザーへの配慮が二の次になりがちなエンジニアを叱ったことがある」という自身の体験談と合わせて、ありし日の盛田さんのこんなエピソードを披露してくれました。それは、仕事には鬼のように厳しかったという盛田さんの一面を教えてくれるものでした。

開発陣が高級ステレオの試作品を盛田さんのところに持ち込んだ時のことです。操作を始めた途端、「今度、こんなモノを俺に見せるなら、天眼鏡と懐中電灯も一緒に持ってこい！」と、盛田さんのカミナリが落ちたというのです。スイッチ類の文字デザインが小さく、配慮が足りないことを指摘したのです。

かつてのソニーでは井深大《いぶかまさる》さん（1908～1997）も、盛田さんも、そして大賀さんも主力製品は必ずトップ自らが実際に手にとって仕上がりをチェックしていたというのはよく伝えられる話ですが、開発陣はいつもこんな調子で鍛えられていたのでしょう。

きっと、この時も技術者たちは震え上がり、肩を落として部屋に戻っていったことでしょう。ですが、すぐに気を取り直し、「次こそ、盛田さんに褒めてもらえるようにするぞ！」とそれまで以上に頑張ったであろうことは想像に難くありません。それが、かつてのソニー魂であり、「世界のソニー」の原動力だったと信じます。

「共に働く仲間」へのリスペクト――黒子に徹する幹部社員はいるか？

「良い社長」は、従業員を単なる雇い人とは考えません。役員であろうと、一般社員であろうと、「共に働く仲間」と捉え、とりわけ創業期からいる古参社員に対しては「同じ志を抱く右腕」「苦労を共にした戦友」としてリスペクトし、感謝を忘れません。

　創業以来の仲間への感謝とリスペクトを率直な言葉で語ってくれたのは、セコム創業者の飯田亮《いいだまこと》さんです。飯田さんには現役バリバリだった代表取締役会長（同社では「代表」と呼んでいました）時代の１９８０年代に、３回ほどインタビューしました。いずれも、日本初のガードマン会社である日本警備保障（現セコム）の創業期についての取材でした。

　飯田さんには、当時は副会長だったと記憶していますが、戸田壽一《とだじゅいち》さん（１９３２～２０１４）という名参謀がいました。学習院大学時代の１年先輩で、一緒にゼロから同社を立ち上げた文字通りの右腕、創業以来の同志です。ですが、戸田さん自身は表舞台に出ることを極力避け、黒子役に徹していました。現役時代は恐らく、1度もマスメディアに登場したことはなかったはずです。実は私も重ねて取材アポをお願いしたのですが、ついに受けてもらえませんでした。

そこでやむなく、飯田さんにインタビューした際に、戸田さんの人物評を聞くことにしたのです。飯田さんは「戸田さんは私にとってかけがえのない宝物。私の雑ぱくなアイデアを、見事に形にしてくれる人。それが戸田さんです」と最大級の賛辞を送りました。

そして、ひと呼吸置いてから、言葉をつなぎました。「私の母親がよく言うんですよ。今の亮があるのは、ひとえに戸田さんのおかげ。戸田さんがいなければ、今の亮はなかったってね」。

創業仲間への感謝を熱く語る創業経営者にはたくさんお会いしましたが、自分の母親の言葉まで持ち出したのは、思い出す限り、この時の飯田さんだけです。それだけに、この言葉は、今も強く心に残っています。戸田さんへの信頼と感謝の念がいかに大きいか、想いが凝縮されているように感じました。

二人三脚で会社を大きくした創業者―参謀役の名コンビは、決して本田宗一郎《ほんだそういちろう》―藤沢武夫《ふじさわたけお》（ホンダ）、井深大―盛田昭夫（ソニー）だけではありません。このセコムの事例のように、産業界には実はたくさんあるのですが、その多くはメディア的には表に出てきません。私も他の有名企業の事例を知っていますが、取材の壁が高く、なかなか活字にはできないのです。それは恐らく、この国には「参謀役や大番頭は黒子に徹する」という伝統的な経営風土があるからだと思います。

そう考えると、「良い社長には必ず信頼を置く有能な仲間がいるはず」という見立てができ、「社長を支える幹部社員にはどんな人たちがいるか」を調べることが企業ウォッチングの重要な視点であることがわかるでしょう。言い換えれば、社長の「従業員愛」を探ることは、手がかりの1つになるということです。

自社商品の細部を語れる

一方、「製品愛」や「技術愛」で思い出すのは、トヨタ自動車の豊田英二《とよだえいじ》さん（1913〜2013）と、パイオニア創業者の松本望《まつもとのぞむ》さん（1905〜1988）です。このおふた方に会ったのも1980年代です。

当時会長だった豊田英二さんにはトヨタのグローバル戦略について、テレビ番組用のインタビューをさせていただきました。ご紹介するエピソードは、その数週間後に開かれた新車発表会での小さな出来事です。

先日の取材の御礼をしようと、私はその記者発表会に出向きました。今はどう変わったかは存じませんが、この当時、新車発表会は一般紙向けと自動車雑誌向けの2回に分けて開かれていました。私はこの時は自動車担当ではなかったので、現役担当記者の邪魔をしないように、カー雑誌向けの部に行きました。会見が終わると、この種の発表会の通例で、出席した役員や開発責任者らが三々五々、何台かある展示車両のところに行って、記者たちの追加質問に受け答えします。英二さんクラスともなると、一般紙向けでは記者が殺到し、即席のブラ下がり会見になるのですが、カー雑誌向けではそんなこともなく、英二さんは1人ぽつんと展示車両の側にたたずんでいました。

そこで、私はさっと近づき、「先日はありがとうございました」と声をかけました。すると、英二さんは誰だかわかったのかわからなかったのか、それには応えず、笑みを浮かべながら

「君、ここ見てごらん」と後部ドアとボディ本体とのすき間の部分（専門用語で何というかは知りません）を指差すのです。

なんでも、そのすき間の幅は当時のトヨタ車史上最高レベルの仕上がりなのだそうですが、以前のクルマより何ミリ小さくなったのか、素人の目には違いはまったくわかりません。それを実現するために現場の技術者たちがどれだけ頑張ったかについて、たとえ詳しく説明されたとしても、理解も実感もできなかったでしょう。

それでも、英二さんは満足気に、言葉少なに、そのことを記者に伝えたのです。それはまさしく現役エンジニアの「技術愛」でした。英二さんの表情が穏やかだっただけに、私は逆に、トヨタのモノ作りの〝凄味〟を肌感覚で思い知らされた気がしました。

パイオニア創業者が体で見せつけた「製品愛」

これよりさらにブッたまげたのが、パイオニアの松本望さんです。お目にかかったのはもう相談役に退かれていた最晩年。戦前、生まれ故郷の神戸でパイオニアの前身である福音商会電機製作所を創業した頃の回顧談の取材でした。

部屋に通され、いきなり目に飛び込んできた松本さんの姿は、「衝撃的」と言っていいものでした。ヘッドホンを着け、1人用のソファーに深く腰を落とし、静かに目を閉じて音楽に身を委ねていたのですが、そこからは激しくリズムを刻むバスドラムの低いうなりが地響きのように伝わってきます。それは発売したばかりの「ボディソニック」のソファー。重低音用スピーカーを埋め込み、サウンドを振動で体感できるようにした、要するに、今のテーマパークのアトラクションや4D映画の先駆けのような音響機器です。

私に気づいた松本さんがおもむろにヘッドホンを外すと、そこからは大音量の音楽が聞こえてきました。それは当時の私が聴いていたようなハードロック！

今どきのアクティブシニアならいざ知らず、あの時代の明治生まれのお年寄りがロックを聴くなんて、それだけでも〝事件〟です。呆然としている私に向かって、松本さんはすずしい顔で「これ、なかなかいいよ」。さすがは世界的音響機器メーカーの創業者、「参った」のひと言でした。

インタビューは楽しいものでした。最後に「それにしても、一代でよくここまで来られましたね」と申し上げると、松本さんは「いやいや、あんた、松下さんに比べればたいしたことなないわな」と好々爺《こうこうや》然とした素敵な笑顔を見せてくれました。

あれから数十年、パイオニアも、パナソニックも経済・消費構造の変化やグローバル化の荒波の中で新たな成長モデルを模索する厳しい経営が続いています。両社の若い社員の皆さんがフロンティアを切り拓いていくことを、心の底から期待しています。幸之助翁や松本望さんもきっと見守ってくれているはずです。

大企業の子会社になっても創業社長の想いを継承

「レンタルのニッケン」という会社があります。三菱商事の全額出資子会社で、本社を東京・永田町に置き、年商996億円、社員数2877人という中堅企業です（いずれも2016年3月期・連結ベース、同社サイトによる）。元々は1967年に栃木県足利市で創業したベンチャー企業でした。当時まだ長期のリース契約しかなかった土木・建設機械業界にいち早く短期のレンタル契約を採り入れ、潜在需要を掘り起こすことに成功して急成長を果たしました。

創業社長は岸光宏《きしみつひろ》さん（1935〜1996）という方で、私は30数年前に一度インタビューしたのですが、才気溢れる、とても個性的な起業家でした。いきなり聞かされたのが、ユニークな「社員ビジネスネーム制度」。なんでも社長以下の全社員が本名とは別の名前で仕事をしているというのです。岸さんから渡された名刺にも「亀　太郎（本名岸光宏）」とありました。

意表を突かれ、なかなか言葉が出てこない私に向かって、亀さんはドヤ顔で「面白いでしょう」と自画自賛。そして、狙いをこう説明してくれました。「役者の芸名と一緒。社員にとって、会社は劇場のようなものでしょ。プロとしての自覚を持って仕事に当たれ、というようなことですよ」。商談や名刺交換の際には間違いなく話題になるし、そのインパクトとPR効果は絶大です。いかにもベンチャーらしい独創的なアイデアだと感心しました。

残念なことに、亀さんは96年に急逝され、経緯は詳《つまび》らかではありませんが、同社も2009年に三菱商事の傘下に入り、15年には100％出資子会社になりました。

つい最近のことですが、ある会合で私は久々にこの会社の名前を耳にし、この奇想天外な社員ビジネスネーム制度が今も連綿として同社に残っていることを知りました。にわかには信じられませんでした。

というのも、独立系の中小・ベンチャー企業が経営に行き詰まるなどして、大企業グループの傘下に入ることは珍しくありませんが、買収された会社の多くは、創業当時の自由闊達な社風や創業者の個性的なカラーを時間の経過とともに失い、ときには意図的に打ち消されて、角の取れた、面白くもなんともない「フツーの子会社」になってしまうケースが大半だからです。ましてや同社の場合、あの泥臭く、アクが強かった亀さんの面影と「三菱紳士」のイメージがあまりにもかけ離れていて、私の中でどうしても結びつかなかったのです。

それで「まさかね」と疑いつつ、同社サイトを確認したところ、確かに役員一覧は、私が亀さんからもらった名刺と同じ「ビジネスネーム（本名）」のスタイルで記載されています。由来も載っていて、そこにある説明は、亀さんからその昔に聞いた話と同じ趣旨でした。なんだか〝現代のおとぎ噺《ばなし》〟のようにさえ思えて、私はちょっと胸が熱くなりました。商事さん、やりますね！　拍手喝采です。

「変えていいこと」と「いけないこと」は何？

シャープに象徴されるように、日本の〝ベンチャー上がり〟の大企業はおしなべて経営変革（トランスフォーメーション）を迫られています。そうした中で、多くの企業が腐心しているのが「どうやって創業の理念を継承するか」。それは時代を超えて、企業の航路を照らす指針だからでしょう。例えば、ホンダは数年前、宗一郎さんのことをまったく知らない若い社員向けに、本田—藤沢コンビの業績と遺訓をまとめた小冊子を作って配布したことがあるほどです。

会社には「変えなければいけないこと」と「変えてはいけないこと」があります。カッコイイ言葉で書かれた「クレド」があるかどうか、をチェックしているのではありません。たとえ目に見える形はなくても、後継社長や若い社員の胸の奥に先人たちの「志」が失われずに残っているか、創業者の魂が今も息づいているか。そこがポイントなのです。

「目線の高さ」は嘘をつかない

経営者の誇りや矜持《きょうじ》、心の奥底にみなぎらせた経営者魂といったものを教えられたのは、京セラ創業者の稲盛和夫《いなもりかずお》さんです。

ちょうど10年前の2007年に、日経時代に在籍したこともある『日経ベンチャー』誌（現

『日経トップリーダー』、日経ＢＰ社）が企画したアメーバ経営に関する大型特集の取材チームに外部ライターとして加わり、「稲盛フィーバーの秘密――同じ目線で叱咤する『等身大のカリスマ』」と題した稲盛論を書かせていただきました。

この時は２回のロングインタビューのほか、京都・山科の旧本社にある京セラ経営研究所、京都大学での寄附講座、アメーバ経営の導入企業などを幅広く取材しました。インタビューでの稲盛さんは、まさに「ネアカな経営者」の典型でした。

私にとって、この一連の取材のハイライトは、豊橋市で開かれた盛和塾の中部東海地区の「塾長例会」。その記憶は鮮烈です。盛和塾は稲盛さんが主宰する若手経営者のための学びと交流の場で、全国各地に支部があります。塾長例会には稲盛さん自身が出席し、参加者からの質問に１対１で答える「経営問答」に臨みます。世評を聞きかじった人の中には、高僧の説法や講話のような情景を想像する人がいるかもしれませんが、実際のそれは真剣で斬り結ぶ侍の果たし合いさながらです。

広いバンケットルームにピーンとした緊張感が張り詰め、定員超えの５００人近い参加者たちは、稲盛さんの一言一句を聞き逃すまいと、息を殺して集中しています。日頃の経営上の悩みを包み隠さず打ち明けて、塾長の教えを乞う質問者に対して、稲盛さんは容赦なく切り返します。

「それは経営者としてのあなたに魅力がないからだ」「それは社員よりも、社長のあなたの方が間違っている」――質問者はそんな答えに打ちのめされて下を向き、他方、やり取りを聞いていた人の中には、我と我が身が重なったのか、涙を流している人もいました。ですが、稲盛さんは必ず言葉を継いで、打開策のヒントを提供します。若手経営者たちをいたわり、鼓舞するような、温かく、力強い言葉で。

私が何より心を揺さぶられたのは、言葉の端々に表れる稲盛さんの「目線の位置」です。問答の中で稲盛さんは幾度となく、「私たち中小企業経営者というものは……」といった言い方を繰り返しました。最初は「えっ」と思いましたが、それがポーズや演技でないことは、その場にいた人なら小学生にだってわかります。「この人は今も中小企業魂を忘れていないのか。この人の言葉には誠がある。だから、若い経営者は心酔するんだ」と、稲盛人気の実相を知った思いがしました。

稲盛さんが日本航空（ＪＡＬ）の再建に取り組むことになったのは、この数年後です。当初は「たたき上げの稲盛氏に旧国策会社でエリート集団のＪＡＬが立て直せるのか」と手腕を疑問視する向きもありましたが、結果はご存じの通りです。

一流経営者は牛丼店の「マナー」を守る

「経営とは常識である」が、取材記者としての私の持論です。大企業であろうと、中小企業であろうと、やるべきことは同じであるはず。この考えが間違いでないことを、稲盛さんは中小企業魂によってＪＡＬを再建することで、鮮やかに実証してくれました。

余談ですが、この時の取材で仕入れた愉快なエピソードを１つ。京セラの関係者から聞いた話なのでホントだと思います。マズいのかもしれないけど、書いちゃいます。

稲盛さんは健啖家《けんたんか》として知られていますが、若い頃から変わらぬ好物の１つがヨシギュウ（吉野家の牛丼）。第二電電（現ＫＤＤＩ）の役員会などで東京に出張した時にも、よく会議の後に黒塗りのクルマでお気に入りの店（どこかまでは書きませんが）に乗り付け、１人で店に入っていったそうです。

楽しくなるのは、その際のお作法。クルマの中で背広の上着を脱ぎ、わざわざジャンパーに着替えてから降りて行くというのです。その理由は何なのでしょう。有名人だから、気づかれにくいように〝変装〟したのか。それとも、気軽なファストフード店の雰囲気を壊さないようにという、周りの客や店員さんたちへの気遣いだったのでしょうか。

私は絶対に、後者だと思います。

バブル絶頂期に知ったトランプ流ディールの本性

バブル絶頂期の1989年の早春、ニューヨークで、今を時めくドナルド・トランプ米国大統領の〝トランプ流ディール〟なるものの一端を体験したことがあります。

前掲の『日経ベンチャー』編集部にいた時のことで、米国不動産投資の特集記事を書くために東海岸から中西部、西海岸、ハワイと約1カ月かけて全米を飛び回りました。最初に入ったのはニューヨーク。当時は日米貿易・投資摩擦の真っ只中。トランプさんも対日批判の急先鋒として知られていました。そのため、私は「彼の物件の取材なんて無理」と決めつけ、日本からアポを入れる努力をしませんでした。ところが、現地の不動産仲介会社のアメリカ人社長にそのことを話すと、「そんなことはない。取材はウェルカムですよ」というのです。

そこで慌てて、同社を介して取材を申し込みました。すると、即「OK」の返事が来ました。もちろん、トランプさん本人に会えるわけではありませんでしたが、「トランプパーク」という物件で日本人客専任のセールス・マネジャーが応対してくれることになりました。それだけでも驚きです。

そして翌日だったか、翌々日だったか、セントラルパークの真南にある古いホテルを改装したその高級レジデンスに行くと、現れたのは香水の香りをプンプン漂わせ、高級ブランドとおぼしきファッショナブルなビジネスウェアを颯爽《さっそう》と着こなした日本人女性でした。なかなか有能な方で、そつなく応対していただき、取材はうまくいきました。

その際に彼女は会社案内、パンフレットなどの資料を大量に用意していてくれたのですが、その中には、全編日本語で印刷された分厚い物件紹介のパンフレットがありました。ページを開くと、巻頭ページには満面の笑みを浮かべたトランプさんのポートレートと、「親愛なる日本の投資家の皆様へ」という歓迎のメッセージが掲載されていました。

「聞くと見るとは大違い」とはこのことで、ただただ唖然とするばかりでした。私は帰国後、これらの販促ツールを並べ、日本語版を一番上に置いた写真を撮り、「対日批判派のトランプさんも笑顔でお出迎え」といったキャプションを付けて、当該記事に添えました。

大統領選に勝って以来このかた、トランプさんはツイッターや記者会見で特定の国、大企業、ハリウッドのセレブから内外の公的機関に至るまで、名指し攻撃を連発し、全世界を引っかき回しています。それで私もこんな小さな接近遭遇を思い出したわけですが、「最初に一発かまして、それでも近づいてくる者は満面の笑みで受け入れる」という手法は、昔も今も変わっていないようです。

テレビのニュースなどでは「彼はビジネスマンだから……」などと、これがあたかもビジネスの世界ではよく見られることであるかのように〝解説〟するコメンテーターがいますが、冗談じゃない。恫喝《どうかつ》から始まるディールなんて、邪道以外の何物でもありません。青臭いと言われるかもしれませんが、まっとうなビジネスディールとは「相手への敬意と信頼」があって初めて成り立つものだと信じます。「ウィン‐ウィン」の関係とは本来、そういうことを意味します。

M&A（合併・買収）のディールにしても、厳しい交渉過程で1度や2度はお互いにこんな手口を使う場面はあるでしょう。ですが、はじめから恫喝一辺倒の交渉姿勢でそのディールが無事に「Done!」になることなんて、絶対にありません。この種のあざとい取引をやるビジネスパーソンのことを、私たちの国では「品性下劣」と呼びます。

政府や産業界のリーダーたちが「恫喝」にたじろいだり、「満面の笑み」に有頂天になったりすることなく、あくまでも冷静沈着に、正攻法で〝トランプ流ディール〟に対峙されることを、「ビジネスライター」の端くれとしては衷心《ちゅうしん》より願うばかりです。

第3章

「だろう経営」は恐い、危ない

——伸びる会社の見分け方

起業家を見極める5つの必須ポイント

本章は、「ベンチャー企業」と「起業家」のチェックポイントです。雨後のタケノコのように生まれては消えていく新興企業をどうやってふるいにかけ、明日のリーディングカンパニーやビジネスリーダーを見出すか。「ベンチャー企業」や「ベンチャー」という言葉が何回も出てきますので、本章に限って、昔風に「ＶＢ」と略すことにします。

私は時期によって密度の濃淡はあるものの、ずっとＶＢウォッチングを続けてきました。１９８０年代前半の第２次ＶＢブームに始まり、その後の〝ＶＢ氷河期〟、「ドットコム企業」や「渋谷系ＩＴベンチャー」が脚光を集めた２０００年前後の「ＩＴバブルの時代」を経て、現在に至ります。今はＩＴバブル期以降の「第３次ブーム」と考える人もいれば、ＶＢ投資が上向き始めたここ２、３年を「第４次ブームの始まり」と捉える人もいます。

第２次ブーム期は日本電産、ソフトバンクを筆頭とする現在の有力企業が大きくジャンプアップする一方で、数々の〝ＶＢの星〟があえなく消えていった時代。私はＶＢ取材の最前線にいました。ＩＴバブル期には、何人かの「99ers」（ナインティナイナーズ）にインタビューさせていただきました。その中には、創業間もなかったＤｅＮＡ・南場《なんば》智子《ともこ》さんもいます。

ちなみに「99ers」とは、カリフォルニアでの金鉱発見で１８４９年以降に米国西海岸に殺到した山師たちを「49ers」と呼ぶことにならって私が考案した造語ですが、誰からも相手にされず、まったく流行りませんでした。

21世紀になってからは、主に、障害者・高齢者支援、子育て支援、環境、教育、フェアトレード（公正な貿易）、地域興しなどの、社会貢献型のソーシャルアントレプレナー（社会起業家）にお目にかかる機会が多くなっています。

それらの中には、会社を興す前の「起業家の卵」の段階で取材し、その後、見事に株式公開（ＩＰＯ）を果たされた方もいます（21ＬＡＤＹ社長の広野《ひろの》道子《みちこ》さん、アビックス創業者の時本《ときもと》豊太郎《とよたろう》さんなど）。反対に、順調に業容を拡大させながら、夢の途中でつまずき、最後は倒産で終わった方もいます。両者の分岐点は、どこにあったのでしょうか。

「ベンチャーがつまずく原因は〝だろう経営〟にある」

これが私の結論です。今はあまり聞かなくなりましたが、昭和のモータリゼーションの普及期には「だろう運転」という言葉がよく人々の口の端に上りました。「対向車の方が譲ってくれるだろう」「歩行者の方が気づいて待ってくれるだろう」といった具合に、勝手な思い込みや〝希望的観測〟で事故を起こす未熟なドライバーを表現したものです。

「消えるＶＢ」の経営はまさにこれと同じ。成長途上の若い起業家の多くは、経験不足や社会人としての修養不足から、準備不足かつ甘々の事業プランで見切り発車し、あえなく挫折するのです。

もう少し詳しく、私なりに論点整理をすると、次の5項目が「ＶＢ・起業家を見極める必須のチェックポイント」になるように思います。すなわち、

① 「おカネの管理」をしっかりできているか（財務戦略と資金調達力）
② 「やりたいこと」が明確になっているか（事業ドメインと企業ミッション）
③ 想いを仕組みに落とし込む力があるか（ビジネスとしての構想力、計画性、実行力）
④ 周囲を巻き込む力、共感を呼び起こす力はあるか（人間的魅力、ネットワーク力）
⑤ 「守り」への備えはできているか（知財管理、リスクマネジメント）

どれも、本屋さんの店頭で見かける入門書の類には必ず載っている項目ではありますが、記者である私は実際にどんな問題意識でこれらの点を見ているのか。専門家の力も借りながら、説明していきましょう。

この物差しを使う対象は「起業家・VB経営者」だけではありません。経営変革を起こして会社を再び成長軌道に乗せた「中興の祖」的な若手経営者や、独自製品を開発して「脱下請け」に成功した二世経営者、大企業のイントラプレナー（社内起業家）、ときには大企業のトップ（例えば、経営統合して誕生した大企業グループのホールディングカンパニーの新任CEOなど）にも、同じ物差しを当ててみます。

「P／L読みのB／S読まず」がはまる罠

「おカネの管理」は経営者の基本中の基本。財務データを読み解けなければ、会社経営なんてできません。当たり前ですが、P／L（損益計算書）、B／S（貸借対照表）、キャッシュフロー計算書（C／S）の3つはどれも必修科目です。

このうち、P／Lはまぁ、問題ないでしょう。売上高と粗利くらいは日次、週次、最低限でも月次でチェックしていない経営者はいないはず。C／Sについても、きちんとしたものは作っていなくても、「キャッシュがなければ黒字でも倒産する」ことは誰でも知っていますから、手持ちの現預金くらいは把握していると思います。ほとんど元手のかからないライター稼業の〝1人ベンチャー〟（個人事業主）の私だって、家計簿に毛の生えた程度の帳簿付けをやり、「今月の家賃はセーフだな」などとやりくりに四苦八苦しているくらいですから（これ、ホントの話。この業界は意外と支払いサイトが長いので）。

創業間もないミニ会社の間はこれでもいいでしょうが、ある程度の規模に成長したら、そうはいきません。公認会計士・税理士で、辻・本郷グループ会長の本郷孔洋《ほんごうよしひろ》さんは、中小・VB経営者の必須条件として、「B／Sを丹念に読み込み、資産と負債の増減をしっかり管理する」ことと「C／Sをきちんと作って、キャッシュフローの増減を正確に把握する」ことの2つを指摘します。特にグローバル化が進む今は、為替変動に伴う上振れ・下振れなどにまで目を行き届かせることが重要だと強調します。

本郷さんは自身も辻・本郷税理士法人をゼロから立ち上げ、業界大手に育て上げた起業家の大先輩ですが、同じ経営者として「それにつけても、B／Sをいい加減に考えている社長が多過ぎる」と嘆きます。

これは、至言だと思います。この言葉を聞いて、私はハッとしました。これまで見聞きした数々のVB倒産の主因はまさにここにある、と今さらながらに気づいたからです。

「B／Sを見ていない」というと、「俺だって、それぐらいやってる」と反発する向きがあるかもしれません。確かに、〝B／S的な分析〟を語る社長さんはたくさんいます。でも、それは大概、こんな感じ。「ウチの資産価値は土地・家作を含めてざっと2億円。それに対して、借り入れは1億円。まだまだ担保余力はあるし、資金繰りはまったく心配ありません」。本当でしょうか。

いくら例題でも、この情報だけで診断はつきませんが、少なくとも、顧問税理士の先生は「これを称して、どんぶり勘定と言うんです！」とお灸《きゅう》を据えるでしょう。頼みの綱の取引金融機関だって、もうすでに「あそこはイッパイイッパイだね」と要監視リストに載せているかもしれません。

バブルの最盛期に、こんなバカみたいな倒産劇（今から振り返れば）に遭遇しました。中部地方のある金属加工製品産地で急成長している有望中小企業を取材した時の話です。

その会社は斬新な新製品を次々に発売して、業績は絶好調。社長さんは勢いに乗って、地元の工業団地に新しい土地を買い、工場の新設に踏み切りました。投資額は10億円以上で、大半は当該用地を担保にした銀行融資でまかなったとのこと。景気のいい話でした。

取材のあと、地域全体の景況や同業他社の動きなどを聞きに、産地組合の事務所を訪ね、事務局長さんにお会いしました。マクロ動向の話を聞き終えて、「ところで、○×さんのところは景気が良さそうですね」と水を向けると、事務局長さんは話そうか話すまいか、少し迷っているような素振りを見せながら、内緒話を教えてくれました。

「私たちも期待はしているんですけどねぇ。でも、今度の新工場の件は、どうも銀行が最初から土地狙いで貸し込んだんじゃないか、って見ている人も結構いるんですよ」

結果はその通りになりました。その会社は半年持たずに倒産。件《くだん》の土地は融資元の銀行に召し上げられました。不動産の担保掛け目は一般に、中小企業では70％か、どんなに良くてもせいぜい80％。しかし、あの時代は「優良企業を育てる」という名目の下、「掛け目90％」なんていう〝厚遇融資〟はザラでした。その前提は土地神話です。土地は値上がりするものと誰もが信じていましたから、担保価値の先行き変動を心配する人なんていませんでした。たくさん貸してくれれば、余資も増えるし、借りる方は大喜びです。けれども、借金は返さなければなりません。あの頃は金利もバカ高かった。一方、工場が稼働するまでは、売り上げは立ちません。手持ちのキャッシュが足りなくなって、早晩、資金ショートを起こすことは自明の理です。

あの優秀に見えた社長さんも、そして取材した私も、こんな単純明快で子どもにもわかる理屈に、なんで思いが至らなかったのでしょうか。思い出すだけで、顔から火が吹き出そうです。言い訳すれば、日本中がイケイケ一辺倒、「資金繰りなんてどうにでもなるさ」と浮かれた「だろう経営」をやっていたのがあの時代でした。これがバブルの本質です。

まんまと土地をせしめたこの銀行とは、その後のバブル崩壊で経営破綻した当時の三大長期信用銀行のうちの1行です。

倒産した〝ベンチャーの星〟の教訓

それでも、融資はまだましです。担保を差し出すわけですから、それが社長さんの自戒を促し、一定の歯止めになります。これに対して、エクイティ・ファイナンス、つまり第三者割当増資などで直に集めた出資金はもっと怖い。資金を託された方にすれば、ほとんどアブク銭。経営者としての平衡感覚がおかしくなっても不思議ではありません。どんな人格者も、どんなに優秀な経営者でも、しょせんは人間なんですから。

忘れようにも忘れられないのが、第2次ブーム当時、〝VBの星〟の中でも先頭を走っていると目されていたK電機のS社長です。既存製品とはまったく異なる発想の新型モーターを考案し、それをあの本田宗一郎さんが「世紀の大発明」と絶賛したことから、その話だけが独り歩きし、S社長は一躍、時の人に。メディアの取材や講演依頼が殺到して、事業資金も直接金融、間接金融を問わず、じゃぶじゃぶ集まりました。

S社長は迷うことなく、数十億円もの資金を新型モーターの専用工場建設に注ぎ込みました。しかし、その巨大工場の完成から1カ月足らずで、K電機はあえなく倒産。そのニュースは衝撃をもって、VB関連業界に伝わりました。

倒産した理由はいろいろと指摘されましたが、主因はひと言で言えば、過大投資（それもケタ外れの）。実は、この新型モーターは言ってみればまだ試作品レベル。「製品」として実用に耐える性能を達成しておらず、大口受注も確保できていませんでした。にもかかわらず、S社長は見切り発車で工場建設を断行し、あえなく頓挫《とんざ》したのです。

「今の若者はおカネの怖さを知らない」

S社長の名誉のために申し添えると、Sさんは決して無能な経営者でも、デタラメな経営者でもありませんでした。少なくとも、集めた資金をマネーゲームに回すことなどしなかったし、描いた急成長型の事業プランは大風呂敷ではありましたが、多くの専門家が「VBなら当然の選択」と見ていました。この当時、日本を変える新潮流の1つとして「ベンチャービジネス」の動向に注目していた評論家の田原総一朗さんも、「有望株はどこか？」を尋ねた私に、「あの工場がうまくいけば、だけどね」と前置きしたうえで、「K電機は急成長して大化けする可能性があると思う」と答えたほどです。

「チャンスは一瞬にして去る」を座右の銘とするS社長は、その言葉通りに「今だ！」と大勝負に出て、敗れ去りました。けれども、それは「大勝負」というよりは「大ばくち」。これもまた「だろう経営」だったと言わざるを得ません。

何度も取材し、大いに持ち上げた張本人の1人である私も、記者としての分析力不足を痛感し、ある種の敗北感を味わいました。多くのＶＢ関係者も同じ思いだったでしょう。ですが、Ｋ電機の挫折は多くの教訓を残し、現在に至る日本型ＶＢ支援システムのブラッシュアップに少なからず貢献していると思っています。Ｓさんはそれから数年後、埼玉県下のとある市の市議になったことを新聞報道で知りましたが、ビジネスの世界に戻ったかどうかを含めて、その後の消息は存じ上げません。

あれから三十数年。ＶＢの資金調達チャネルはますます多様化し、パイプは太くなるばかり。「オープンイノベーション」を推進しようと、独自のコーポレート・ベンチャー・キャピタル（ＣＶＣ）を立ち上げる大企業が増える一方で、個人が小口投資するクラウドファンディングも、社会にすっかり定着した感があります。直近では、近年まれな秀作ヒューマンアニメ『この世界の片隅に』が、クラウドファンディングによって製作にこぎ着けたことが話題になりました。

若い起業家たちは、いとも軽やかに「資金調達の壁」を乗り越えているように見えます。ですが、いいことばかりはありません。投資先のＶＢの経営が失敗した時の責任追及は、銀行融資のそれよりもさらに苛烈《かれつ》を極めます。資金調達に臨む起業家・ＶＢ経営者は、それだけの覚悟を持つことが求められます。私のような古い世代のＶＢウォッチャーは、口をそろえて、こう言っています。

「今の若い人たちは、おカネの怖さを知らない」と。

若者世代が提示する新たな企業価値

どんなビジネスに挑むにしても、「自分は何をやりたいのか」という起業動機があるはず。今の時代は、「中身」は当然として、「質」まで厳しく判別されます。言ってみれば、「事業ドメイン＋企業ミッションの見える化」が必要なのです。今の若い世代はスマートなので、こちらから聞かなくても、「何をやりたいのか」と「なぜやりたいのか」をセットにして立て板に水のように説明してくれます。これは掛け値なしに素晴らしい資質です。

起業動機を〝熱いハートとクールな頭〟で、つまり、強い使命感と理詰めのビジネスプランで語れないようでは、「×」とまでは言いませんが、「△」止まりだと思います。

ＶＢウォッチャーとして30年以上のキャリアを持ち、複数の大学で教鞭も執っている日本ベンチャー学会事務局長の田村真理子《たむらまりこ》さんは最近の傾向をこう指摘します。

「(フリマアプリの) メルカリの山田進太郎《やまだしんたろう》社長などが典型かもしれませんが、今の若い起業家は『自分のやりたいこと』がはっきりしているんですよ。社会にインパクトを与えるビジネスがしたい。規模を大きくすることも大事だが、それよりも業界や社会でイニシアティブを取れるような仕事がしたい。そんなタイプが増えているように感じます」

さらに、田村さんはこう続けます。

「もう1つ、特徴的なのは、どんなビジネスを志す人にも、どこかに社会貢献的な発想がある。世の中を良くする仕事がしたい。社会を (良い方向に) 変える仕事がしたい。そう考えている人がとても目立ちます。これは前の世代の起業家像としてはあまり注目されなかった傾向ではないでしょうか。そう思いません?」

思います、思います。私は最近はもっぱら社会起業家にお会いしていますから、いっそう強くそう思います。東日本大震災の前後数年間、私は障害者支援ビジネスに取り組む社会起業家を集中的に取材しました。その際にまったく別の会社で、20~30歳代の若者たちが、ほぼほぼ同じ言い方でこう語っていたのを聞き、新鮮な衝撃を覚えました。

「Y社やZ社（名前を出せば誰でも知ってる有名ゲーム系VB）みたいに、金儲けばっかで、な〜んの役にも立っていない会社に就職して、毎日深夜まで残業して、高い給料もらったからって、それが何だって言うんだろう」

阪神・淡路、東日本の2つの震災やその他多くの自然災害に遭遇し、同時に、インターネットという新しい社会インフラが災害現場でいかに威力を発揮するかを身をもって体験した若い世代は、連帯して助け合う「絆」の大切さを肌感覚で知っています。

そのことがVBの起業動機に投影されているのだとしたら、それは世界中のどこの国にもない新しい起業（企業）価値の芽であり、シリコンバレー型とはまったく違う、欧米流の社会貢献型ともひと味違う、日本発の「社会連帯型VBモデル」として発展・定着できるかもしれません（第4章も参照してください）。

大人世代の私たちはあら探しばかりしないで、彼らと同じような純粋な気持ちで応援したいものです。だって、いつまで経っても、VBと言えばアメリカ。最近もシェアリングエコノミーの雄であるウーバー、エアビーアンドビーなど、米国発ディスラプター（破壊者）ばかりが注目される。こんな現状、悔しいじゃないですか！

「思い入れ」が空回りして、「思い込み」と化す

それはそれとして、「熱い想い」にも落とし穴はあります。一番怖いのは、「思い入れ」が強過ぎて「空回り」すること。「思い入れ」と「思い込み」は別物です。

障害者支援ビジネスの取材では、何人かの〝卵〟たちにもインタビューしました。その中に、「企業で働きたい障害者と雇用したい企業とをつなぐビジネスをやりたい」と、人材コンサルティング会社を辞めて起業した20代後半の若者がいました。都内のシェアオフィスで聞いた彼の話は、前の会社での実務経験を出発点にした問題意識と高い志を感じさせるもので、まだ開業直後でもあり、無料コンサルティングを始めたくらいの段階でしたが、まさに「社会を良くしたい社会起業家の卵」の1例として紹介しました。

それから数カ月後、長文のメールが届きました。なかなか思うようにいかない悩みを打ち明け、「認知度を上げたいので、もう一度、記事にしてほしい」と側面支援を求める内容でした。困ったなと思いましたが、まぁ、これくらいまでなら、まだ「△」です。

ところが、メールはさらに延々と続きます。段々と社会批判が始まり、最後はほとんど恨

み節。「なんで社会はこんな大事な問題に目をつぶっているのか」まではよしとしても、返す刀で「どうして私の訴えに耳を貸さないのか。こんな日本の社会はおかしい」。こうなると、「こりゃあ、ダメだわ」です。お門違いもいいところです。

稲盛和夫さんだったら、こう諭《さと》すのではないでしょうか。

「それはあなたの考え方が間違っている。お客の反応がない、注文が来ないのは、あなたの提供するサービスに魅力がないからだ。お客のニーズに合っていないからだ」と。

ビジネスは奉仕活動ではありません。どんなに志の高い社会貢献活動であっても、「ビジネス」の枠組みでやる以上は「商品」なのであって、サービスの中身、価格、提供方法などが顧客ニーズに合っていなければ、振り向いてもらえるはずがありません。この点は、NPO法人の活動だって同じなのですが、どうもその辺のところがわかっているようでわかっていない人が、実際には多いように感じます。

そこで問われるのが、③の「想いを仕組みに落とし込む力」です。要するに、事業モデルを組み上げて、実行していく力です。これについては何百もの指南書がありますし、具体的な突っ込みどころはケース・バイ・ケースで千差万別。申し上げたいことは多々ありますが、きりがなくなるのでカットします。いつかまた、別の機会にお話ししましょう。

ネットワーク力の源とは

会社は1人では興せません。出資者、株主、金融機関、コンサルタント、エンジェル、メンター、地域社会などの支援者が、いわば〝寄ってたかって育て上げる〟のがVB成長スキームの本質。要するに「エコシステム」というやつです。だから、ゼロからスタートする起業家にとって、「周囲を巻き込む力」や「共感を呼び起こす力」は必須条件です。

けれども、VBウォッチャーにとっては、これを見抜くのは相当な難題です。何ともつかみどころがないからです。手がかりの1例を挙げるとすれば、あまり上品な言葉ではありませんが、「人たらし」の資質、あるいは「ジジ殺し」の資質があります。

前者は、ブームが再燃している田中角栄氏を評するキーワードとして一躍広まりました。政治家、官僚、経済人から地元の選挙民まで会う人すべての心をわしづかみしてしまう角さん一流の人心掌握術を、「女たらし」ならぬ「人たらし」と言い表したわけです。生前の角さんの姿を知らない若い世代にも、研究する価値は十分あると思います。

後者は、目上の人（特に大物）の懐に飛び込み、可愛がってもらうのが得意な若者のことで、会社の中にも、地域社会にも、そんなタイプがいますよね。成功した起業家にはとりわけ多く見かけます。何人か実名を挙げてご紹介したいところですが、差し障りもありそうなので、我慢します。まぁ、投資家のウォーレン・バフェット氏と若い頃からいつも楽しげにつるんでいるビル・ゲイツ氏の姿をイメージすればよろしいでしょう。

「人たらし」も「ジジ殺し」も、堅苦しく捉えれば、「ネットワーク力の源となる資質」とでも言い換えることができそうです。というか、これが「ネットワーク力」そのものなのかもしれません。ただ、持って生まれた性格も関係しますから、人たらしのオーラが感じられないからといって、「×」と判定するのは酷な話。他の要素も併せ考えて、総合評価で判断しないと不公平だし、見誤ることにもなりかねません。

起業家志望のシャイな若者の中には、「私はできないなぁ」と引いてしまう人がいるかもしれませんが、大丈夫、諦めることはありません。普段からの「心がけ」と努力で、少しずつ身につけ、磨き上げていくことはいくらでもできます。

例えば、こんなこと。ネットワーク力とは、言い換えれば「ウィン—ウィンの関係を築く力」です（ここでは安倍さんとトランプさんのことは忘れてください。話がややこしくなるから）。そのためにやるべきことは何でしょうか。

以前、前出の21ＬＡＤＹの創業社長で、日本郵政の社外取締役も務める広野道子さんとこれについて議論した時のことです。「やっぱり、基本はギブ＆テイクの精神だよね」などと私がつまらないことを言うと、広野さんは速攻で、思いがけない名言を返しました。「違うわよ、高嶋さん。ギブ＆ギブよ」。

さすがでございます。相手が困っていれば、見返りなんて考えないで、親身になって知恵を貸し、体を動かして協力する。お互いにそうする。確かに、良い人間関係とはそういうものです。この心がけは、まさしく「起業家の身だしなみ」だと思います。

「お茶出しは女性の仕事」をお約束にした女性社長

女性の場合、それも年齢が若ければ若いほど、「相手の懐に飛び込む」のは容易なことではありません。そのハードルの高さと苦労は、男性の比ではないと想像します。いまだ古臭い「男の論理」が支配する日本のビジネス社会では、〝男女均等〟のスタンスで真正面から行くと、「女のくせに生意気だ」。猫をかぶってソフトに接すれば、「いい年して、ぶりっ子か」。フツーにしていても、勝手に「女を武器にしやがって」と決めつける。うっかり白い歯でも見せようものなら、勘違いしてセクハラ行為。これじゃあ、「どうすればいいのよ！」と叫びたくなりますよね。

それで思い出すのは、女性起業家の先駆けの1人だったBさんの「しなやか経営」です。改正前の最初の男女雇用機会均等法が施行された頃の話ですが、自分で直接聞いた話か、誰かから又聞きした話だったか、記憶があいまいなので実名は控えます。

この会社はジェンダーフリーの最先端を走っているような経営をしていて、社員数も女性の方が多く、男性の部下を率いる女性管理職もたくさんいました。でも、この会社では全社共通の約束事として、「来客へのお茶出しは女性社員の仕事」と決めていました。

理由は「男の人が淹《い》れてくれたお茶より、女の人が淹れたお茶の方が美味しく感じられるから」。Bさん自身が「女の私だって、そう思うもの」とこのお約束を作ったそうです。

ジェンダーフリーとは、ジェンダーの違いをなくすことではなくて、ジェンダーの特質を尊重しつつ、良いところを生かしながら男女が共創していくことだと思います（内閣府のキャッチコピーみたいですが）。本当にできる女性経営者はそのことを十分に承知していて、自然体で立ち振る舞う術を心得ている人が多いように思います。

その「キレキレ感」はちょっと痛々しいです

以前よりは気にならなくなりましたが、やる気満々の女性起業家や、一流企業でブリブリ活躍されているキャリアレディーの中には、全身にキレキレ感と疾走感、さらには取り付く島もないような緊迫感さえ漂わせている方を今でも見かけます。

その一方で、話を聞くと切れ味鋭いのに、マイナスイオンを1／f揺らぎの風に乗せて放出しているような、ホンワカ系のさわやかな空気感を醸し出している方もいます。どちらによりシンパシーを感じるかと言えば、それはやっぱり後者です。

決して、下心込みの男目線で言っているわけではありません。そうではなくて、キレキレタイプの方というのは、見ていてイタいのです。痛々しくて、こちらまで胸が苦しくなってきます。私も人生半ばで視覚障害者になった身なので、ビジネス社会でマイノリティーが味わわされる悲哀や屈辱感はわかるつもりです。だから余計に、「もっと肩の力を抜いて。その方が楽しくやれると思うよ」と言ってあげたくなります。

要するに、「能ある鷹は爪隠す」「損して得取れ」です。ときに相手を煙《けむ》に巻くくらいのしたたかさも、起業家・VB経営者には必要な資質なのではないでしょうか。

「守り」の要は知財管理とリスクマネジメント

21世紀の企業経営は「守りへの備え」なしでは保ちません。法務対策は、絶対に手が抜けない喫緊の課題。肝は「知的財産戦略」と「リスクマネジメント」の2点です。

「まだ起業したばかりだし」などと呑気なことを言っていたら、それだけでレッドカード、即刻退場を勧告します。いつ何時ライバルが出現して寝首をかかれるか、どこで想定外のアクシデントに巻き込まれて足をすくわれるか、予測も、予想もできないのが今の時代。それを誰よりもよく知っているのはスマホ世代の若者たちなはずです。

「法務に強い会社は生き残る」

経済誌の弁護士ランキングで必ず上位に名を連ねる、鳥飼総合法律事務所代表弁護士の鳥《とり》飼重和《かいしげかず》さんはこう断言します。鳥飼さんは「日本の社長さんにはリーガルマインドがなさ過ぎる。聞きにくるのは税金対策の話ばかりで、それもにっちもさっちもいかなくなってからでないと相談に来ない」と嘆きます。税金対策はもちろん重要だし、鳥飼事務所の専門分野の1つでもあるのですが、鳥飼さんは「他にも大事なことがある」と警告します。それが「知財戦略」です。

私の取材経験でも、相続・事業承継対策について熱弁をふるう社長はたくさんいますが、「顧問の弁護士、弁理士先生も加えて、戦略的知財管理の専門チームを立ち上げました」といった話をする社長さんには、残念ながら、お目にかかった記憶がありません。

知財管理のハウツーについては専門書に譲りますが、経験の浅いVB経営者の場合、「自分の権利を守る」こと以上に重要なのは、「第三者の権利を侵さないようにする」ことへの目配りだと私は考えます。

他人のコンテンツをいい加減に引用したり、剽窃《ひょうせつ》したりして、情報まとめサイトの閉鎖に追い込まれたDeNAが典型例ですが、「知的所有権に対する認識が甘い」のはスマホ世代経営者の共通の弱点、いや、欠陥です。「タダより安い物はない」のはその通りですが、「タダほど怖い物もない」のです。なお、第6章でも、日常業務レベルですぐにできる知財対策の第一歩について少し触れています。

まずは、社長を「現場」に連れて行く

一方、リスクマネジメントの要は、不祥事や不測の事故が起きてしまった時の対応。どんなに万全な対策を講じていても、予測不能なアクシデントは防げません、予測不能なのだから。いわれなき風評被害もその1つでしょう。危機的局面で、傷口を少しでも小さく抑えるためには、迅速かつ的確な事後対応が求められます。

これについては、大企業や先輩企業が良いお手本も、ダメなお手本もいっぱい提供してくれていますから、勉強するのは割と簡単です。一番手っ取り早い方法は、テレビのニュースで謝罪会見を見比べること。会見に出てきた社長や事業担当役員の「謝り方」を見れば、その会社のリスクマネジメントの巧拙がバレバレです。事態を正確に把握しているか、本気で謝っているか（本当に悪いことをしたと認識しているか）、事前に危機管理マニュアルを作っていたか等々、ドタバタ劇の裏側の様子までもが丸見えです。

以前、「私だって寝ていないんだから」と逆ギレして、大炎上した方がいらっしゃいまし

たが、憮然とした表情の上に「顔も知らん部下がやったこの程度の不始末で、なんで俺様がこんなところに出て来なきゃならんのだ」といった本音をプロジェクションマッピングで色鮮やかに映し出しているような大会社の社長さんがいまだに後を絶たないのには、あきれてしまいます。ホントに学習していませんよね。

ある経営コンサルタントの講演で聞いた話ですが、リスクマネジメントで真っ先にやらなければならないのは「社長を現場に連れて行くこと」だそうです。耐震偽造が発覚したマンションでも、異物混入事故が起きた自社工場でも、陥没した道路でも、何でもいいから取るものも取りあえず、社長をクルマに押し込んで現場に連れ出す。そうすれば、さすがに「自分の会社が何をしでかしたか」がわかって危機管理スイッチが入り、それから先は黙っていても、陣頭指揮で事後対応に当たるようになる、というわけです。

その道のプロの実践ノウハウとは、たいしたものです。この話は「リスクマネジメントは他人任せにせず、トップ自らがやらなければならない」というツボを示唆しています。とりわけ経営基盤がまだ脆弱なＶＢの場合は、初動対応の誤りは命取り。そのまま大炎上→大崩壊ということにもなりかねません。脇を締めて、くれぐれも「ご安全に！」。

〝フラがある〟若手落語家が消える理由——成功は予見できない

以上は、言ってみれば「ダメなVBをふるい落とすチェックポイント」です。粒はそろったものの、まだ玉石混交状態。残った砂利や小石の中から、本物の砂金や金剛石（ダイヤモンドのことですよ）の原石だけをピックアップするにはどうすればよいでしょうか。

結論は「そんなの無理」。不確定変数があまりにも多くて、どんなにビッグデータをかき集めてスパコン「京」で計算し、ＡＩ（人工知能）で推論しても、特定できるわけがない。それがわかるくらいなら、投資家は誰も苦労しません。

前出の田村真理子さんも「起業家の卵や学生の中には、確かに、みんなに可愛がられる子、愛される子がいて、そういうタイプは大抵、伸びますよ。でも、どこが違うのかと聞かれても、共通点は学ぼうという姿勢が感じられることくらい。それ以上は具体的に説明できないですね」と言っています。

先日、読売新聞の「よみうり時事川柳」の第5代選者で、当代きっての演芸評論家でもある長井好弘《ながいよしひろ》さんと久々にゆっくり話す機会があり、面白いことを教えてもらいました。長井さんは、会社は違えど新人時代を同じ宇都宮支局で過ごした私の老朋友。昔から根っからの落語ファンでしたが、忙しい記者稼業の隙を見つけては高座に通い続け、気づけば今や何冊も本を出す大家になっているんですから、人生とは予測不能でエキサイティング。見ようによっては、彼自身が〝落語系ベンチャー〟みたいなものかもしれません。

長井さんによると、噺家の世界では、芸は今いちなんだけど、なんとも言えないおかしさ、面白みのある噺家さんをつかまえて「あいつにはフラがある」などと言うんだそうです。いわれは定かではありませんが、多分、「あの役者には華がある」といった表現のしゃれでしょう。だって、「花＝フラワー」だから、違うかな。ちなみに、アクセントは「ラ」の方にあるんだそうです。

そこで、「フラがある落語家さんはどこが違うの？」と聞くと、「こればっかりは、何とも言いようがない。だから、フラがあるっていうの。わかる？」。よくわかんない。それでも、たとえフラがあっても「消えていく噺家」はすぐにわかる、と長井さんは言い切ります。どんなことかと言うと……（出囃子、入る）。

昨今は大変な落語ブームなのだそうで、愛好家が企画する小さな落語会が各地で開かれていて、二つ目や真打ちに昇進したての若手にお声がかかる機会も増えているとのこと。長井さんも若手を育てようと、身銭を切って、そんな落語会（『神保町かるた亭』）を主宰している1人ですが、やっぱり、間違っちゃう不心得者、お調子者がいるんだそうで。

こうした落語会は本来、玉砕覚悟で古典の大作に挑戦するとか、必死で考えた新作ネタを披露して、お客さんの反応を探ってさらに練り上げていくとか、高座に上がる機会の少ない若手が芸を磨くための勉強の場。ところが、1度ウケると、それが忘れられなくて、次も同じネタをやり、その次もまた、となってしまう噺家さんが必ず出てくるんだそうで。

「そりゃ、気持ちはわかるよ。誰だって笑いが取れれば、嬉しいに決まってる。それが楽しくて、この世界に飛び込んで来たわけだし。でもさ、それをやっちゃあ、おしまいよ、だよね。それをやったら、絶対にこれ以上は伸びない。そこで芸が止まっちゃう」。長井さんは口角泡を飛ばして、苦言を呈していました。

いずこの世界も一緒です。この話、積み上げられた現ナマに目を奪われ、本業をおろそかにしてマネーゲームに走ったあげくに自滅していったVB社長とまったく同じ構図ですよね。

たとえ「君はフラがある起業家だね」などと言われても、天狗《てんぐ》になってはいけません。それはせいぜい「うまくいくかもよ」というくらいの意味で、「必ず成功する」という保証書を発行してもらったわけではありません（そんな成長性審査機関なんてないし）。むしろ、「せいぜいお気をつけて」と言ってくれたのだ、と受け止める方が正解です。

第4章

「本社の新築は危ない！」が鉄板法則なわけ

立派すぎる新築オフィスに透ける本音

本章は「ハード」編です。本社オフィス、支社・営業所、工場、倉庫・物流センター、店舗といった建物や設備は、「会社の内情」を問わず語りで、ときには人の口よりも雄弁に話してくれます。

前述したリスクマネジメントの話でもわかるように、「現場を見る」は情報収集の基本中の基本。なにも刑事や探偵、事件記者だけの専売特許ではありません。企業取材も同じです。私は応接室でのインタビュー以上にセンサーの感度を上げて、「会社の現場」のあちらこちらに目を凝らします。

まずは本社をチェックするツボから。これにも不動の鉄板法則があります。企業ウォッチングの専門家でこれを指摘しない人はまずいません。それは、

「本社が新しくなった会社は要注意」です。

主に中堅・中小企業の場合ですが、古い社屋を建て替えたり、別の場所にある賃貸オフィスビルに移転したりするケースでは、新本社がどのような姿になるか、固唾《かたず》を飲んで見極め

ることになります。なかでも、一流企業、有名企業がたくさん入居している都心の超高層ビルに本社を移すような場合は、それだけで一斉に警戒アラームが鳴り出します。

理由は「本社はおカネを生まない設備」だからです。立派過ぎる新社屋や華やか過ぎる新オフィスは、「売り上げ増に直接的に貢献しないところに、必要以上におカネをかけているのではないか」と疑いの目で見られるのです。

これが工場や物流センター、店舗網などなら、純粋に「設備投資」の視点でチェックされるだけですが、こと本社だけは別物。新設・移転計画の裏側に潜む社長さんの腹の底にまでチェックのメスが入ることになります。要するに、高級外車の鉄板法則と同じ理屈で、「見栄っ張りで派手好きなんじゃない？」「スター軍団の仲間入りがしたいの？」と、社長としての資質や経営姿勢が問われることになるのです。

よく聞くのが、こんな反論です。「そうはいっても、本社は会社の顔。本社にもお客様はいらっしゃるわけだし、いつまでも田舎の汚いオフィスでは、お客様にもご不便やご迷惑をおかけすることになる。一等地に進出すればイメージアップになるし、ひいては会社の信用度も高まるんじゃないですか」。

私に言わせれば、こんなものはただの言い訳。御社を訪ねる人は、御社と取引したいから行くのであって、「取引する価値がある会社」と判断すれば、遠方だろうと、社屋がボロだろうと、足繁く通います。もちろん、イメージ戦略は大切ですが、それも「費用対効果」との見合い。見晴らしが良くても、コスパの悪いオフィスなんて、最悪です。

東京の郊外部に本社兼工場のある中堅消費財メーカーで、過去30年ほどの間に「業績急伸→都心に本社移転→業績悪化→元の場所に撤収」を2回繰り返した実例を知っています。その社長さんは二代目で、ナイスガイではありますが、お坊ちゃん育ちの印象はぬぐえません。さすがに今は創業の地に腰を落ち着かせているようで、安心しています。

良い会社の受付、ダメな会社の受付

古いか新しいかに関係なく、本社オフィスを訪問した時にどこを見るか。これも専門家の意見は完全一致です。右代表で、前出の税理士の本郷孔洋さんの言葉をお借りすると、

「受付が汚い会社は、まずダメですね」

私もまったく同感です。受付はいわば会社の玄関、アイコンです。個人の家でも「玄関を

見れば、家庭の中の様子がわかる」と言うのと同じで、ここは「会社の第一印象」を左右する最初の重要なチェックポイントです。

例えば、近年は人員合理化で受付係を廃止して、入り口に内線電話を1台置いて、「ご用の方は○×番におかけください」といった案内板を出しているだけの会社が増えています。これ自体をとがめるつもりは毛頭ありませんが、こんなありふれた風景にも、その会社のしつけや心配り、仕事の流儀や普段の仕事ぶりがくっきりと表れます。

ときどき見かけるのが、以前は受付嬢がいたであろう古ぼけたカウンターと椅子を残したまま、そこに無造作に電話を置いている会社。あれは、みっともないです。初訪問だと、たまたま休憩時間で席を外しているだけなのか、いつも無人なのかがわからず、戸惑うこともあります。せめてカウンターと椅子を撤去して、周囲の内装・造作に少し手を加えるとか、殺風景なカウンターの上に商品サンプルや事業所のパネル写真などを並べてミニショーケース風に仕立てるとか、「もう少しマシに見えるように工夫できないかなぁ」とため息が出てきます。

無人の受付電話の脇に、宅配便で届いたオフィス用品や消耗品の段ボールが、だらしなく放置されている会社もあります。これもガッカリです。来訪者はこういうところはよく見ていますよ、一般的に。大げさでなく、「この会社と取引を始めていいものか」を測る材料の1つにされる可能性すらありますから、軽く考えてはいけません。

反対に、小ぎれいに整えられた受付の横にあるドアを開けた途端、オフィス中の社員が一斉に振り向いて、こちらが気恥ずかしくなるくらいの大声で「いらっしゃいませ！」と声をかけてくれる会社もあります。その差は、誰の目にも歴然でしょう。

従業員用駐車場のすごい停め方

チェックを入れるのは、受付や玄関ロビー、オフィスの中だけとは限りません。どこの会社・工場にも併設されている従業員用駐車場だって、ときに「会社の顔」の役割を果たします。心がポカポカしてくる体験をしたのが、10年ほど前、香川県さぬき市にある徳武産業の本社兼工場を訪問した時です。

同社は資本金1000万円、従業員60人ほどの小さな会社ですが、主力製品の「あゆみシューズ」は介護用シューズのトップブランドで、発売以来900万足以上を売り上げています。病気やケガで足が不自由な高齢者や障害者のニーズに応えて、左右サイズ違いや片足だけでの注文も受け付けるなど、〝お客様ファースト〟のきめ細かな販売・サービス体制をいち早く確立したことで、介護施設や福祉施設の関係者には広く知られています。

20年以上前から何度も取材してきた会社ですが、四国は遠くて、本社に行ったのはこの時が初めてでした。社長（現在は代表取締役会長）の十河孝男《そごうたかお》さんに高松空港まで迎えに来ていただき、社長さん自身の運転で1時間以上かかって着いた同社は、周囲に何もない田んぼのど真ん中にありました。

敷地の中に入ると、手前側には従業員や来客用の駐車場があり、その奥に小ぶりな平屋の本社が建っています。助手席を降り、社屋に向かって歩き始めた直後、私はあまり見慣れない光景に気づき、一瞬、立ち止まりました。そこに停めてあった10台ほどのクルマがすべてテールをこちら向きにして、つまり、頭を奥に突っ込む形で駐車していたのです。

「きっと、ここの社長のことだから……」と思いながら、周囲をキョロキョロ見回している私に向かって、十河さんは「高嶋さん、わかりました?」とニッコリ。金網フェンスで仕切られた向こう側はもう広々とした田んぼ。青々と育った稲穂が風になびいて波打ちながら、駐車場のすぐ横まで迫って来ています。

クルマが頭から突っ込んで止めてあったのは、お隣の田んぼへの心遣い。稲が少しでもいい環境で育つことを願って、排ガスが直接当たらないようにしていたのです。効果がどのくらいあるかなんて考えるのは野暮というもの。若い頃から地域興しにも熱心に取り組んできた十河さんと社員の皆さんの優しい気持ちが、〝らしさ〟とともに素直に伝わってきて、私は感銘を受けました。

豪勢な本社オフィスだけが「会社の顔」ではないのです。

「油染みだらけ、でもキレイな町工場」が日本を支える

工場も同じです。「良い工場」は例外なく「きれい」です。たとえ柱が傾きかかっているようなオンボロ町工場でも、「良い工場」はすぐにわかります。

床や壁には長年の激闘を物語る歴史遺産のように、油染みがこびりついている。でも、よく見ると、床にはちり1つ落ちていない。整然と配置された年代物の旋盤やフライス盤の作業テーブルとカッター工具はピッカピカに磨き上げられている。指先の感覚だけでミクロン単位の超精密加工をやってのける〝凄ワザ〟の職人さんがいるような町工場はみんな、このパターンです。

東京・大田区、墨田区、荒川区、東大阪市といった「中小企業の街」で、私はそうした町工場をいくつも見てきました。中には、急な外階段を昇った2階にある狭い事務所の壁一面に、日米欧主要各国で取得した特許証が何十枚も額縁入りで飾られていた零細下請け部品メーカーなどもあって、腰を抜かしそうになったことがあります。

中小企業の取材のことを、この業界では「ドブ板取材」と称します。狭い路地をペタペタと靴底を減らしながら歩き回るイメージから来ているのでしょう。大企業担当の花形記者によるおちょくりでもあり、担当記者の自虐ネタでもあります。けれども、ドブ板記者の1人である私は、そこで出会った「油染みだらけのキレイな町工場」が大好き。誇りに思います。

以前、テレビで東京・日比谷の帝国ホテルのレストランの1日を追いかけるドキュメンタリー風の番組を見たことがあります。

そこで強く印象に残ったのは、厨房の壁にズラリと並んでつるされていた銅製の鍋。どれもピッカピカに磨き上げられているのですが、その中には大正時代から使い続けている鍋も多数ある、と紹介されていたように記憶しています。すべての注文をこなし、お店が閉じたあと、〝未来の巨匠〟を目指す修業中の若いコックさんたちが一生懸命に鍋を洗っている姿に、自分の知っている「きれいな町工場」が重なって、ちょっとした感慨を覚えました。

レストランにとって、厨房は工場みたいなものですから、ここにも「日本のモノ作りの精神」が連綿として継承されているのだ、と思ったわけです。要するに、そういうことです。

工場は「人の動き方」を見れば一発でわかる

では、実際に「動いている（操業している）工場」の良し悪しは、どうやって見分ければよいでしょうか。「工場の実力診断」は実はとても簡単で、少し目を養えば、誰にでもできます。難しい専門知識なんか要りません。「人の動き」を見ればいいのです。その際のチェックポイントは「動線」と「段取り」の2点です。

工場の良し悪しは「動線」と「段取り」で決まる。

これは長年の工場回りでたどり着いた私なりの鉄板法則で、門外漢が工場視察する際の唯一にして最強の兵器だと思っています。これ、結構、自信があります。

良い工場というものは、働く人の動きが無駄なくスムーズで、テキパキと作業をこなしています。焦って走り回っている人、困り顔でうろうろする人がいたり、作業する手がしょっちゅう止まったりすることがまったくありません。それはすべて、製造工程（モノの流れ）と作業手順が考え抜かれ、機械の配置、工具や組み付け部品の出し入れ、原材料・部品↓仕掛かり品↓完成品に至る仕分け・管理、最終検品、梱包・出荷までの仕事の一切合切が合理的、効率的に練り上げられているからです。

一番わかりやすい例は、自動車工場でしょう。日米貿易摩擦の真っ只中の80年代に、国内外の自動車メーカーの複数のアセンブル（最終組み立て）ラインを取材したことがあります。見比べてみて、巷間言われる通り、トヨタの工場は突き抜けていると思いました。私が見たのは愛知県豊田市の挙母《ころも》工場などですが、例えば、ボディ用鋼板を打ち抜く大型プレス用金型のいわゆる「段取り替え」の速さは、他社工場のそれとは〝異次元〟のスピード。まさにカンバン方式の威力を見せつけられた思いがしました。

カンバン方式というのは、要するに「動線」と「段取り」の最適化による「人の動き」の最適化にほかならない、と私は解釈しています。

だから、規模の大小、業種・製品分野に関係なく、工場では「人の動き」を見よ、と主張するのです。半導体工場だろうと、バイオプラントだろうと、食品加工工場だろうと、手作り家具や伝統工芸品の工房だろうと、酒蔵だろうと、製材所だろうと、それさえ見れば、「良い工場」は一発でわかります。全自動無人化ラインだって、視点は同じです。それを設計し、モニター室で監視するのは人間なのだから。

監視の仕事までAIを搭載したドローンや人型ロボットがやるようになっても、そこは変わりません。そのシステムを作るのは人間で、最終チェックするのも人間だからです。

「人の動きに無駄のない工場」というと、チャップリンの名作『モダン・タイムス』のように、いまだに生産性向上一辺倒の非人間的な労働環境をイメージする人がいるかもしれません。しかし、私は真逆だと思っています。

無駄のない工場ではイライラしたり、余計な仕事を抱え込んだりすることが少ないので、むしろ従業員はイキイキ元気に働けます。事実、私が「良い工場」と思ったところの工員さんはみんな明るくて、挨拶にも勢いがありました。つまり、ストレスフリーの職場環境ができている、ということです。

〝障害者が輝く会社〟で再認識した「基本動作」の重要性

「人の動き」をソフト面で支えているのが、おなじみの「5Ｓ」と「ほう・れん・そう」です。今さら説明するまでもないでしょうが、5つのSとは「整理・整頓・清掃・清潔・しつけ」、ほうれんそうとは「報告・連絡・相談」のこと。いずれも「ＴＱＣ（全社的品質管理）のはじめの一歩」であると同時に、年齢・学歴・業種・職種を問わず、すべてのビジネスパーソンが身につけなければならない「仕事の基本動作」です。

「良い工場」にはこれがしっかりと根付いています。「5Ｓ」と「ほう・れん・そう」がいかに大事かを再認識したのが、2010年から11年にかけて、障害者雇用の現状と課題を日経ＢＰの『日経ビジネスオンライン』サイトで連載した時の取材です。なかでも、障害者雇用の優良企業の双璧ともいえる、日本理化学工業とエフピコは「良い工場」のお手本でした。

日本理化学工業は川崎市に本社・工場を置くチョーク（黒板に字を書くあのチョーク）専門メーカーで、全社員81人のうち60人が知的障害のある人という驚異的な雇用率を実現している会社です（16年6月現在、同社サイトによる）。坂本光司・法政大学大学院教授のベストセラー『日本でいちばん大切にしたい会社』（あさ出版）で取り上げられ、一躍その名が知られるようになりました。

同社には「5S」と「ほう・れん・そう」が隅々にまで行き渡っています（同社サイトによると、最近は「安全」を加えた「6S」になっているようです）。

通路の壁には標語や当月の目標を大書したポスター、社員食堂には1人ひとりの社員が自身の目標や反省点をそれぞれ手書きしたメッセージカードなどが張り出されています。作業工程の細部にまで創意工夫が施された「動線」と「段取り」は極めて完成度が高く、社員の方々の品質管理意識と作業熟練度の高さは目を見張るものがありました。

例えば、チョークの最終検品を担当する、知的障害のあるベテラン女性工員さんの仕分けの速さと正確さは、今風に表現すると「神ってる！」のひと言。マシンガンのような猛スピードではねられた不良品をいくら眺めても、どこがダメなのか、素人目にはさっぱりわからないくらい小さな傷まで見逃しません。案内してくれた大山隆久社長も「健常者ではまず不可能。彼女はわが社にとって宝物のような戦力です」と語っていました。

社会の要請、規制の強化を収益の源にする

エフピコは、さらにスゴイ！　同社は広島県福山市に本拠を置く、食品トレー（スーパー、コンビニなどでいつも目にする発泡スチロールやプラスチック製の包装容器）の専業メーカーで、1962年の創業以来ほぼ一貫して右肩上がりの経営を続け、16年3月期のグループ年商は1702億円、純利益は92億円という東証1部上場の優良企業です。

ただ、取り扱っているのがBtoB型製品、それも地味な消耗品なので、流通業界の人を別にすれば、一般にはほとんど名前を知られていません。いわゆる〝知られざるガリバー企業〟の1つです。

実は、第3章で提唱した「社会連帯型モデル」のひな型と私が考えているのが、この会社なのです。一代で同社を育て上げた代表取締役会長兼CEOの小松安弘《こまつやすひろ》さんは典型的なベンチャー経営者で、社会情勢・経営環境の変化に対する感度の高さとビジネス構想力は刮目に値します。

特筆すべき同社の特色は、ビジネスモデルのコア部分に「エコロジー」と「人権配慮」と

いうＣＳＲ（企業の社会的責任）の二大テーマをしっかりと組み込み、しかも、それを高い収益力の源泉にしていること。わかりやすく言うと、普通は企業経営の重荷、足かせと考える規制強化をチャンスに変えて、社会と「ウィン―ウィン」の関係を築くことを成長戦略の基盤に据えているということです。

エコ対策では、省エネ・省資源の機運が高まった80～90年代に容器包装リサイクル法の施行を先取りするように、いち早くスーパーの店頭などに食品トレーやペットボトルの回収ボックスを設置して全国的な独自の回収網を築き、製造→販売→回収→再利用の一気通貫のサプライ・チェーン・マネジメント（ＳＣＭ）体制を確立しました。社会からの要請に応えると同時に、食品トレーは〝石油の固まり〟のような商品ですから、これを原材料の安定的な確保策の１つに役立てたのです。

障害者雇用もまったく同じスキーム。障害のある人に働く場を提供することは、いまや企業に必須の経営課題になっていますが、エフピコはここでも社会的要請を先取りするように障害のある社員の採用を増やしてきました。16年３月時点で、グループ全体の雇用者数は３７４人。大半が知的障害のある人です。約４３００人いる全グループ社員の１割近くを占め、法定雇用率換算では実に14・56％に達します（同社サイトによる）。

福山の工場で見た光景も、日本理化学工業とまったく同じ構図で、回収した使用済みトレーの選別ラインでも、新しい容器の製造ラインでも、高い生産性を支えるキーファクターは「５Ｓ」と「ほう・れん・そう」の徹底でした。

中でも忘れられないのは、発泡スチロールとプラスチックを貼り合わせる弁当用容器の組み立てライン。そこにはまったく同じ設計で配置されたラインが２本並んで走っていて、健常者の社員のグループ、知的障害のある社員のグループがふた手に分かれて、競うようにまったく同じ作業をこなしているのです。

説明を聞いて、これにはさすがに驚きましたが、何も知らなければ、多分、ただの生産ラインだと思ってスルーしていたと思います。「障害のある社員がいなければ、当社の事業は成り立ちません」と語った小松さんの言葉に納得しました。

自分も障害者である私はかねがね、「障害者はできないこと以外はできる」と申し上げてきました。その「できない部分」を人のサポートや創意工夫でカバーしさえすれば、どんな業種の会社でも戦力として十分に活躍してくれる、と私は確信しています。このことを障害者差別解消法などでは「合理的配慮」と呼ぶわけですが、「5S」と「ほう・れん・そう」はその最も基本的なツールだということです。

お店に行ったら、バックヤードをのぞく

次に「店舗」。物販店でも、飲食店でも、「良いお店」を見分けるチェックポイントは、やはり「人の動き」です。それを規定する「動線」と「段取り」を見ればいいのです。ただし、お店の場合は、工場とは違って、「お客様の目線」と「店員さんの目線」の双方から観察する必要があります。「動線」は説明不要でしょうが、お店の場合の「段取り」とはつまり、お客様が商品を見比べたり、手に取ったりしやすいような展示・陳列ができているかとか、ショッピング中のお客様の邪魔にならないように商品補充するノウハウとマナーが身についているか、といったことです。

実際には、両者はかなりの部分がオーバーラップしますから、お客様がストレスなく買い物や食事を楽しんでいるお店は、店員さんの接客対応・サービスもそつがないし、その逆もまた同じということになります、当たり前の話ですが。でも、これさえ押さえておけば、青

山通りの高級ブティックだろうと、東十条商店街や砂町銀座の八百屋さんだろうと、芦屋や帝塚山のおしゃれなフレンチレストランだろうと、天神橋筋商店街の気さくなたこ焼き屋さんだろうと、詳しい商品知識やグルメの素養がなくても、見た目の印象などに幻惑されることなく、「良い店」をかなり正確に見分けられると思います。

具体的なチェックポイントとなると、取り扱い商品や価格帯、立地条件、ターゲット層などなど業種・業態ごとに、それこそ星の数ほどありますので、それはそれぞれの専門書に譲ります。

私の専門分野で一例だけ挙げると、シニアビジネスに関わっている読者なら、東京・新宿の京王百貨店新宿店を視察するとよいでしょう。いくつもの百貨店が林立する全国有数の激戦区の新宿にあって、この店は一番古く、一番小さいにもかかわらず、高齢者層の熱い支持を集める〝シニア一番店〟として、百貨店業界ではつとに知れ渡っています。

行ってみても、一見すると、どこにでもある普通のデパート。ですが、フロア設計にも、商品の展示・陳列にも、主力客であるシニア層が若い人たちの目を気にすることなくショッピングが楽しめるように、キメ細やかな配慮や工夫が随所にちりばめられています。一番わかりやすいのは、婦人服などの商品タグ。袖口などあまり目立たないところに付けるのが〝業界標準〟ですが、ここでは堂々と胸のあたりに付け、価格も大きな文字で表示しています。見やすさへの工夫であると同時に、お値段への不安、心配をまずは解消するような配慮でもあるのです。

店作りのプロを帯同して見に行けば、至るところで、東京ディズニーリゾートの〝隠れミッキー〟のような独特な創意工夫を発見できると思います。

もう1つ、お店に行った時のチェックポイントがあります。それは、バックヤードをのぞくこと。私も店舗取材では可能な限り、バックヤードを見せてもらうようにしています。主たる目的は、補充用商品の管理の具合や、店員さんたちの〝素顔〟を確かめることです。

裏方は裏方ですから、少しくらい雑然としていたって、別に構いません。とはいえ、在庫棚が補充用商品の出し入れを間違いなくできるように作られているか、ホワイトボードに掲示されたシフト表が、今日は誰が「出」なのか一目でわかるようになっているかなど、見るべきところはいろいろあります。その店の実力は、表のお店よりもむしろ、こんなところから測れる場合も多いのです。

バックヤードでくつろぐ店員さんたちの様子も大事なポイント。お客様の目を離れて、ホッとできる憩いのひと時ですから、おしゃべりしてたって、じゃれ合ってたって、全然ＯＫです。そんなことにケチを付けたりはしません。でも、私のような外部の人間がいることに気づいたら、ちょこっと会釈くらいはしてほしいな、と思います。えー、こちらもお邪魔虫であることを重々承知しつつ、居心地の悪い思いを隠しながら、その場にいるわけでして、そんな時にニコッとしてもらえれば、気持ちが和んで、心理的負担も少しは減ります。そのお店に対する好感度も一気に急上昇です。

教育やしつけが行き届いているお店は、こんなところも微妙に違うものです。そうした小さな気遣いができることを「おもてなしの心」と呼ぶのだと、私は考えます。

チェーン店は、最低でも2店舗以上を見比べる

複数の店舗を展開しているチェーン店の場合は、絶対にやるべき必勝のチェック方法があります。最低でも2店舗、できれば3店舗以上を見比べてみるのです。私はこれまでフランチャイズ（ＦＣ）ビジネスの取材も数多くやってきました。これはその取材経験から身につ

けた実践ノウハウです。

その際のコツの第1は、あくまでも客として利用してみること。第2は、なるべく離れた場所にある店を選ぶこと。例えば、都心の繁華街やビジネス街にあるお店vs郊外の住宅地にあるお店、あるいは東京のお店vs大阪のお店vs地方都市のお店、といった具合です。業態が多様なチェーンなら、駅前の商業ビルのテナント店vs繁華街の路面店vs街道沿いのロードサイド店、というようなやり方で実地検分するのもいい方法です。そこから、そのチェーンの店舗オペレーションの実力が鮮明に見えてきます。

ファミレスにしろ、ファストフード店、コーヒーショップにしろ、居酒屋にしろ、あるいはコンビニ店、各種レンタルショップにしろ、チェーン店というのは本来、FC方式か直営方式かのいかんにかかわらず、同じ商品・サービスを同じ価格・品質で提供することがビジネスモデルの基本です。ところが、一見同じように見えるチェーン店でも、厳しい目でよく観察してみると、驚くほどの違いがあることに気づきます。

店内の清潔度、店員さんの接客態度はもとより、商品の出し方・渡し方・片付け方（セルフ方式も含む）、さらには提供する商品メニューまでが違っている場合もあって、ビックリすることさえあります。目下、経営立て直し中の某大手ファストフードチェーンなどはその最たるものでしょう。業績好調が伝えられていた時分から、私は客としてそのチェーンオペレーションのデタラメぶりにあきれ、「遠からず急降下するだろう」とにらんでいました。いつも不愉快な思いをさせられるので、その頃から行くのをやめました。

成績優秀な模範店にだまされてはいけない

さて問題は、そうした〝店舗間格差〟のレベルです。それが客として許容できる範囲だったら、まだいいでしょう。FCによっては一定の範囲内なら、あえてオーナー（加盟店）さんや店長さんの裁量（創意工夫）の余地を残すオペレーション戦略を採用しているところもありますから。ですが、お客の目線で「あまりにもバラバラだな」と感じるようなら、限りなく「×」に近い「△」マークです。

FC本部の元々のオペレーションシステムに欠陥があるか、地域担当のスーパーバイザーの資質や指導方法に問題があるか、オーナーさんや店長さんにやる気がないのか。どこかに見過ごせない課題が潜んでいるということです。これは、まだノウハウの蓄積が不足している新興チェーンに見かけがちな傾向と言えます。

もしあなたが、脱サラをして、どこかのＦＣに加盟してＦＣ店のオーナー経営者になろうと検討しているのなら、この「３店舗以上の比較」はＦＣ選びに失敗しないための必須の調査項目です。

加盟店募集中のＦＣ本部の事業説明会に行くと、本部での概要説明のあとで、希望者は必ずどこかのお店に案内してくれます。ですが、見学させてくれるのは、成績優秀な模範店か、オープンしたての新規加盟店のどちらか、と相場は決まっています。これでは平均的レベルの店の姿も、その裏にあるＦＣ本部の本当の実力もわかりません。

そこで、１人のお客として複数の店舗に行ってみるのです。店に行ったら、ためらうことなく、オーナーさんをつかまえて、「自分も加盟を検討している」旨を伝えれば、意外なほどあっさりといろんなことを教えてくれるものです。業績好調なら自信満々でどこが素晴らしいかを解説してくれるでしょうし、うまくいっていない場合は日頃のうっぷんを晴らすかのように、本部やスーパーバイザーへの不平不満をしゃべってくれます。これは私の取材経験から申し上げていることで、結構使えるノウハウだと思っています。

電話の向こうに見えるのは、笑顔か無表情か

会社の「実力診断」の最終チェックポイントは、コールセンターです。「お客様相談室」や通販会社の「注文受付センター」、家電メーカーの「修理受付センター」などで活躍しているオペレーターさんの電話応対ぶりを探ってみるのです。いわば「声で測る物差し」です。

マーケティングの本などには、よく「クレームは宝の山」といったことが書かれています。コールセンターに寄せられる顧客からの苦情や要望、一般消費者からの問い合わせ内容の中には、商品改良や次の商品開発のヒントがたくさん埋もれている、という論旨です。そのことには全面賛成ですが、逆もまた真なり、です。

コールセンターのオペレーターさんに宝の山を掘り起こす力があるかどうか、電話をかければ、これまた〝一耳瞭然〟でわかります。それは、その会社の販売・マーケティング力に正直にリンクしていると私は考えています。というよりも、「オペレーターの対応＝会社の販売・マーケティング力」だと見なしています。

ここでは、私の「一消費者としての体験」を例にして説明しましょう。私は今、３つの会

社の健康食品・サプリメントを定期コースで購入していますが、３社とも名の通った大企業なのに、コールセンターのオペレーターさんの対応には段違いの差があります。サプリを続けている人ならわかると思いますが、飲み忘れなどでどうしても余り気味になるため、私はよくコールセンターに電話して「１回パス」を依頼します。その際の対応がまったく違うのです。

これは私がそう思っていることだから、臆せずに名前を出しますが、この分野の最大手であるサントリーウェルネスの対応は一頭ズ抜けていて、舌を巻くほどお見事です（※これは個人の感想です※）。紙上再現すると、こんな感じ。

「あのー、次回、１回休みたいんですが……」

「お電話、ありがとうございます。お電話番号を頂戴できますか。はい、高嶋様は……（確認中みたい）、はい、○×（商品名）を定期お届けコースでお買い上げいただいていますよね。次回は○月×日のお届けとなっておりますので、それでは、それを１回お休みにさせていただいて、次は△月□日のお届けとなりますが、よろしいでしょうか？」

「はい、それでお願いします」

「承りました。あのう、差し出がましいんですが、何かご事情がおありですか、体調を崩されて、お医者様からストップがかかったとか……」

「いや、そのう、そうではなくて。ただ余ってきちゃったもんで」

「あぁ……（履歴を見ているのかな）、はい、高嶋様は○年からお続けいただいているんですね。長くお付き合いいただきまして、ありがとうございます。そうですよねぇ、長くお続けだと、どうしても余ることもありますよね。でも、高嶋様はもうよくご存じなので今さら言うまでもないのですけど、毎日しっかりとお摂りいただくことが大切ですので、よろしくお願い致します」

「はいはい、それはよくわかっています」

「最近、お体の調子はいかがですか？　季節の変わり目になりますので、どうぞ体調管理にくれぐれもご注意いただいて、お元気にお過ごしくださいませ。それでは、次回、○×（商品名）を△月□日にお届け致します。宅配便でのお届けとなります。本日はお電話、ありがとうございました。わたくし、△○（名前）が承りました」

ふぅー、恐れ入ります。ここまでやられると、何も言えません。話し方も決して機関銃のようにまくし立てるのではなく、年配の人にも聞き取りやすいくらいのスピードと笑顔（声のトーンでわかります）で話しかけてきます。すれっ枯れている私などは「その手に乗るか」と意地を張りたくなるのですが、やっぱり、嬉しくなっちゃいます。

これが他社の場合だと、愛想も何もなくて、オペレーターさんの顔が無表情のまま固まっていることまで、これまた声のトーンでしっかりわかります。

コールセンターは「企業の真田丸」

たかが電話応対なのに、どうして会社によってこんなにも違いがあるのだろう。その理由を長いこと考えていたのですが、2年ほど前、まったく別の案件でサントリー・ホールディングスを取材する機会があり、雑談で右のような話をしたところ、広報担当者がウェルネスの仕組みのあらましを説明してくれました。

いろいろ教えてもらった中で、私が「ここが肝だ！」と思ったのは、同社がコールセンターを東京のど真ん中、浜松町に開設していることです。コールセンターは一般に沖縄とか北海道とかオフィスの賃料や人件費の安い地域に開設するのが常道で、アメリカ企業に至っては

「電話の向こうで応対しているのは、遠くインドに住むオペレーターだった」なんてことも珍しくないといった話は聞いていましたが、同社は真逆の戦略を採っていたわけです。その理由は「本社の動きを迅速にコールセンターに伝え、オペレーターの顧客サービス向上につなげるため」とのことでした。

それで思い出したのが、その数年前に、福岡市にある「緑効青汁」のアサヒ緑健の本社を訪ねた時に聞いた「当社のオペレーターは全員が正社員です」という説明です。

この2つが結びついて、私の長年の疑問は一気に氷解しました。シェア上位の健康食品・サプリメントの通販会社は、取り扱い商品のそれと同じくらいに力を入れて、コールセンターの〝品質向上〟に取り組んでいて、それが顧客対応の違いに表れている、というのが私の結論です。

コールセンターの重要性を指摘する際に「社会に向かって突き出した会社の出窓」という表現が使われることがありますが、それどころではありません。「良い会社」のコールセンターは「最強の精鋭部隊を配置した出城」、いわば「真田丸」だと私は認識しています。

第5章

社員の態度とご近所の評判

記者に「上向き目線」で接したエリート部長

企業取材の相手は当然ながら、社長さんや広報担当者だけではありません。取締役・執行役員以下、部長、課長、専門職、パート・アルバイトさんを含む一般社員まで、いろいろな階層・職種のビジネスパーソンにお会いします。経営企画や営業、研究開発の人はもちろん、経営戦略や経営手法がテーマの時は総務や人事、法務、財務・経理などの間接部門の人にもインタビューさせていただきます。

そうした取材では、その会社の「企業風土」が鮮やかに見えてきます。普段の仕事のやり方、その会社に特有の流儀や作法、無意識のうちに染み付いた企業体質から、最近の社内の雰囲気（元気か、暗いか）までが、インタビュー中の言葉や仕草ににじみ出てくるのです。とりわけ、その傾向が顕著なのが、下の方の役員さんや上の方の中間管理職クラスの方々、つまり、「中2階にいる人」たちです。

これも昔話ですが、中堅記者と呼ばれるようになった20歳代の後半、ちょうど10歳ほど年上のキャップと2人で、今は三大メガバンクの1つに統合された某大手銀行の調査部長さんにインタビューしたことがあります。この銀行の調査部長は代々、〝使える〟エコノミストとしてメディアに重宝され、そのほとんどがその後も順調に行内の出世階段を上っていき、有名大学や有力シンクタンクに転出する人も多くいて、同行の花形ポストの1つと目されていました。この方も当時は新聞、雑誌、テレビによく登場されていました。

私もどんな話が聞けるか、楽しみにしていたのですが、途中でドッチラケになりました。インタビューは主にキャップが質問し、ときどき私が口を挟む形で行いました。ところが、この部長さんは最初から最後までキャップに向かって話をし、私の方にはまったく顔を向けませんでした。

キャップが質問した時はそれで結構ですが、私が質問した時もそうなのです。声を発したその瞬間はさすがにチラリとこちらを見ますが、質問中は用意してきた資料か何かに目を落としたまま。「それはですねぇ……」と答え始めると、目はもうキャップの方に向いています。2回目も同じことをされたので、私はそれ以上質問するのはやめました、バカバカしい！

キャップもそのことに気づいていたようです。取材が終わり、乗り込んだエレベーターの扉が閉まるとすぐに、黙って私の肩をポン、ポンとたたいてくれました。それで少しは落ち着いた私は「あれがあのお方の処世術なら、この銀行はきっとみんなが上ばかり向いて仕事をしているんだろう。首が凝って大変でしょうね」と、まだ暴れている腹の虫に言い聞かせました。

まぁ、「上目遣い」とまでは申しませんが、「上から目線」ならぬ「上向き目線」です。会社の中でいくら「上向き目線」で仕事をしようとご自由ですが、それがいつの間にか習い性になって、自分でも意識しないまま、社外の人に接する時にも出てしまうのであれば、「お里が知れる」とはこのことです。エリート集団の大銀行で花形ポストをつかんだくらいだから実力はあるのでしょうが、そこに至る過程では、あの「上向き目線」もそれ相応に貢献しているのだろうな、と邪推したくもなります。

それはご本人にとっても損なことだし、のみならず、自分が所属する会社のイメージを毀《き》損《そん》することにもなりかねないと考えるのですが、いかがでしょう。

同じような「上向き目線」は、他でもいくつか体験しています。はなはだしきは某大手メーカーの広報部長さん。いつも大記者のキャップにベッタリで、役員インタビューの依頼への対応にも明らかな〝年次間格差〟を付けていました。この会社、世間的には「年次や肩書きによる垣根のないオープンな社風」と見られていましたが、私は「嘘っぱちだ！」と思いました。

件の調査部長さんのその後はというと、新聞や雑誌でお見かけすることもなく、どこぞの大学教授になられたという話も、私は寡聞にして存じません（こんな人の人事履歴を検索して確認したりはしていませんが）。

「上向き」でほめられるのは企業業績と通信簿とアスリートの成績くらい。「上向き目線」で愛された人は坂本九ちゃんだけです。

グループ取材で「会社の日常」が浮かぶ

注目の新製品や新規プロジェクトの取材では、3～5人くらいの実務担当者に一度にインタビューさせていただくことは、よくある取材パターンの1つです。例えば、プロジェクトチームの統括リーダーである経営企画室の担当課長さんと営業部門の責任者、開発部門の責任者ら数人にお集まりいただくようなケースです。

雰囲気的には、マーケティング調査でよくやる消費者モニターへの「グループインタビュー」

をイメージしていただければ、それほど違いはないと思います。

たまに、担当部署の部長さん以下、課長、係長、若手社員まで10人前後の大集団が徒党を組んで現れて、「部屋が空っぽになってんじゃないか」などと余計な心配をしてしまうこともあります。ありがたいことではありますが、これだけ大人数で来られると、どんなに気を配っても、全員に質問を振るなんて無理ですので、あらかじめご了解ください。

さて、こうした「グループ取材」では、相手のリーダー格の方の〝仕切り〟が注目ポイントです。それを観察しているだけでも、その部署の日常的な業務の進め方や、そのプロジェクトがどのように立ち上がり、どのようなプロセスを経て課題解決して実現にこぎ着けたのか、この会社の日常業務レベルでの「仕事のスタイル」がかなり見えてきます。

例えば、新製品を発売したセクションの課長さんが若手の担当者4、5人を引き連れて取材対応する場面を想定します。よく見るパターンを類型化すると、2つあります。

1つは、課長さん自身がリーダーシップを発揮して、要点を上手に整理しながら進行していくパターン。自らメインスピーカーになって概要を説明し、必要に応じて「これについては、○×君、もう少し補強してくれますか」などと担当者に振るようなやり方です。

もう1つが、部下を前面に押し出して、自分は後見役に回るパターン。概要のレクチャーを若手に任せて、要所要所で「今のところ、なんかあっさり過ぎちゃったんですが、実は肝の部分でして、私から追加説明しますと……」などと話に入っていくやり方です。

いずれも、コンペのプレゼンテーションなどでも見られる基本パターンだと思います。簡単に言えば、前者はトップダウン型のリーダー、後者はボトムアップ型のリーダーになるわけですが、どちらがいいか悪いかではなくて、これを見れば、この新製品がどのようにして誕生したのか、少なくとも、当該部署の普段の仕事ぶりははっきりとつかめます。

もちろん、これだけで会社のすべてが見通せるわけではありませんが、実際の取材では、出席した人たちの話し方だの、説明資料の作り方だの、レア&レア（生で貴重）な判断要素があれこれ提供されるわけでして、企業風土というか、「会社の日常の風景」のようなものが薄ぼんやりと浮かび上がってくることは、大いにあります。このあたりは「グループ取材」の醍醐味と申しますか、面白いところです。

次の第6章で、これをベースに考案した「お取引先（発注元）を逆選別する」ためのあざといテクニックをご提案しています。

展示会の見所は、展示品よりも説明員

さらに身近な業務レベルで「会社の日常の風景」がよりくっきりと見えてくるのが、展示会です。最近はあまりやらなくなりましたが、仕事柄、ユニークな新製品やキラリと光る会社を探しに、私もよく東京ビッグサイトや幕張メッセに出掛けます。展示会の出展企業ブースでの説明担当者の接客対応はまさに千差万別。そこから社員のしつけ、やる気、お作法や流儀、応用力などの「会社の日常の風景」が、等身大でつかめます。

違いが一番よく表れるのが、招待状を送ってくれた相手がいなかった場合の応対。「な～んだ」と落胆して所在を尋ねた時に、ケータイで思い当たるところに電話を掛けまくって一生懸命に探してくれて、それでも見つからない時は「どうやら遅いランチに行ったようでして、間もなく戻ってくるとは思うんですが、私でよろしければ、代わりにご案内致しますが」とナイスホスピタリティーで対応してくれる人がいます。

恐らくは招待状をくれた人と机を並べる同僚だろうと思いますが、こんなフォローをしてもらえれば、ガッカリして急降下した会社への好感度は当然、V字回復します。

そうかと思えば、あたりを2、3度見回しただけで、「いないようですねぇ」でオシマイにする大変親切な人もいて、「だから、あんたに聞いてるんだろうが！」って言い返したくなります。「実力診断」以前です。結構、大会社に多いんですよ、このタイプ。

トップセールスマンと繁盛スナックのママの共通点

アフターフォローも違いは歴然。興味を持ったブースで名刺交換したり、名刺入れに自分の名刺を放り込んできた時に、どんなレスポンスを返してくるかは、「良い会社」を見分ける単純明快なチェックポイントです。

私の過去最速は、まだ開催期間中なのに即日御礼メールが届き、それから2、3日後には大量のカタログが宅配便で送られてきたケース。その熱意とやる気には、ただただ圧倒されるばかりでした。

要するに、私たちが会社や家でいつも付き合っている生命保険や自動車ディーラーのセールス担当、証券会社の営業、百貨店外商、あるいはクラブやスナックのママさんを見る視点と同じです。仕事への意欲や顧客への心配り、そして、それを「形で示す力」があるかどうか。私たちは知らず知らずのうちにそうした目で取引相手を見ているし、同時に、取引相手からは同じ目で見られているということです。

私は経営誌の記者時代に自動車、証券、生保など主要業界のトップセールスマンを3年間で50人くらい個別インタビューしたこともあるのですが、そこでわかった鉄板法則は「トップセールスマンと繁盛しているスナックのママさんの共通点は筆まめであること」というものです。

とはいえ、もうそろそろ即日御礼メールはよしましょうよ。今は、働き方改革が最優先課題。展示会が終わってからだって、十分に誠意は伝わってきます。カタログの発送が数日遅れたからといって、商機を逃すなんてこともないですよ。「火急に商談したい」という人は、その場であなたをつかまえて、力尽くでも商談ブースに連行していくはずだから。

エレベーターホールは面白い!

さらにさらに身近なレベルで「日常の風景」をあぶり出すテクニックには、いろいろあります。誰でもすぐできる初級者編は、会社訪問した際に、社内ですれ違う、用件とは無関係な名前も知らない社員さんたちの様子をよぉーく観察すること。

受付で来客用のＩＤカードを渡されて、「エレベーターで○階にお上がりください。担当の者がお迎えに参りますので」と言われて、目的の階に到着したあとのしばしの待ち時間を有効活用する「社員ウォッチング」です。

アポを入れた相手の人が既にエレベーターホールで待っていてくれれば、もちろん、それは最高得点。ですが、相手の方も忙しいわけだし、部屋を出てから着くまでの時間も多少はかかりますから、そうしたことは滅多になく、少し待たされるのが普通です。でも、この時がチャンスなのです。

合コンや婚活パーティーでもないのに、所在なく壁ぎわに立っていると、「ご用件はどちらの課でしょうか？」などと声を掛けてくれて、その部屋の前まで連れて行ってくれる人、さらには自分のＩＤカードで開錠して、中の人に取り次いでくれる人がいるかと思えば、おっかない目でにらみつけながら通り過ぎていく人、逆にトローンとした眠たそうな目で、人を届いたばかりのレンタルの観葉植物か何かみたいに眺めたあげく、結局、何もしないで行っちゃう人、とまぁ、いろんな方がいらっしゃいます。

これを数回やれば、その会社のおおよその雰囲気はわかってきます。本書の担当編集者の1人は「私の著者のある会計士の方は、新しい顧問先の会社に行った時には、わざと廊下で迷った振りをすると話してました」と言っておりました。どの企業ウォッチャーもやっぱり、同じようなことをやっているようです。でも、それはつまり、こんなちょっとした観察が意外と大切だということを教えているのだと思います。

従業員の本音トークが聞ける場所

読者が喫煙者なら、社内の喫煙ルームに行ってみることをお勧めします。ここは最高の観察ポイントです。会議や打ち合わせのあとで、「帰る前に一服したいんですけど」などと訴えれば、場所を教えてくれるでしょう。お相手も喫煙者だと一緒に付いて来られちゃったりして、身動きが取れなくなりますが、タバコを吸わない人なら、あんな副流煙が溜まっていて変な臭いのするところなんかには近づきたくもないから、「○階の右手の奥にあるはずです」と伝えるだけで「じゃあ、私はこれで」と自動的に消えてくれます。そうなったら、しめたもの。チャンス到来です。

不思議なものですね、喫煙ルームというのは。仕事終わりの飲み屋さんほどではないにしろ、気が緩むんでしょうね。皆さん、いろんなことを大きな声で話されています。新しい上役の着任１週間の寸評とか、営業の言うことに耳を貸さない開発部隊の悪口とかその逆とか（どこの会社も営業と開発は仲が悪い）、出張精算の伝票を突き返してくる融通の利かない総務に対する批判とか、こっちは来客用のＩＤカードを堂々と首からブラ下げているのに、へっちゃらですもん。どちらがよりお行儀が悪いかと言われると、まぁ、それはなんとも……。

そのことはひとまず横に置かせていただくと、１つひとつの話の内容はともかく、こんな場所での本音トークは、その会社の空気感を文字通りの直接話法で伝えてくれます。

ついでに書くと、大きな高層ビルには、１階の裏側とか地下１階とかに誰でも使える公共の喫煙コーナーが必ずあります。サラリーマンやＯＬの皆さんが今どんなことに関心を持っているか、ここは〝世相ヒアリング〟する絶好のスポット。マーケッターやセールスパーソンなら、旬な話題を仕入れに、週１ぐらいで定期観察する価値はあると思います。

ビジネス街であっても、景気や株価の話よりもむしろ、仕事に直結しない話題の方が賑やかです。昭和の時代に物知りの長老たちが銭湯でやっていたような政治談義に始まって、国際情勢、スポーツ、レジャー・グルメ情報から、大物芸能人の不倫スキャンダルまで、実にいろんな話題が飛び交っています。

今一番よく耳にするのはやはり、親の介護や子育ての苦労話、成人病検診や知り合いが入院した大学病院の評判といった類でしょうか。SMAPの解散が話題だった時には、中高年のおじさんたちが真顔で原因究明に取り組んでいらっしゃる姿を一度ならず目撃し、この大物アイドルグループの存在の大きさを再認識しました（私もファンです、惜しい）。

今という時代を切り取るのがジャーナリストの仕事ですから、私は紫煙をくゆらせながら、ひそかに周囲の人々の話を楽しく拝聴させていただいています。これも仕事の一環ですから（半分くらいは、マジでそう考えています）。

エクセレントカンパニーの社食では……

社外の人が立ち入る機会が少ない社員食堂や保養所は、その分だけ、普段着姿の社員の素顔がより鮮明に見える隠れチェックポイント。そこから「会社の普段の居ずまい」をうかがい知ることができます。利用するチャンスに恵まれたら、礼をわきまえつつ、あくまでも控えめに、その場に集う社員さんの様子を観察してみるとよいと思います。私の小さな体験を2つ、紹介します。

社員食堂で思い出すのは、もう10年以上前になると思いますが、東京・茅場町にある花王の本社の社食で見た光景です。同社のCSR活動についての取材で前からよく存じ上げていた女性室長さんのところにうかがった時だったと記憶しています。取材を終えたのがちょうどお昼時だったので、「ウチの社食でよろしければ」とランチのお誘いを受け、右のような理由もあって、内心大喜びでご一緒させていただきました。

社食はほぼ満員。食券を買う列に並んでいると、「ウチの社長がいますよ」と室長さんが視線を送る先には、一番奥のテーブルの中央でネクタイ姿の若手社員に囲まれ、笑顔でサラメシを食べている同社社長のお姿があり、「へぇー」と思いました（遠目でちらっと拝見しただけですし、日時も不確かなので、お名前は控えます）。

これが中小企業や、大企業でも地方の工場なら、社長さんや工場長さんが若手従業員と一緒にランチを食べるのはちっとも珍しいことではありません。私も何回か、談笑の輪に加えていただいたことがあります。

ですが、東京の本社でホワイトカラーの社員たちと社食でランチしている大企業の社長さんを見たのは、後にも先にもこの時だけ。花王と言えば、この当時は（もちろん今も）エクセレントカンパニーの代表格と目されていただけに、好業績の理由の一端を垣間見た思いがしました。

保養所での気配りに、胸を撃ち抜かれる

保養所では、プライベートな思い出話ではありますが、こんなことがありました。まだ独身だった20代後半の頃、大手鉄鋼メーカーに勤めていた幼なじみの友人に誘われて、スキー旅行で新潟県にあった同社の保養所を利用させていただきました。男女10人ほどの若手社員だけのツアーにまぜてもらったのですが、大半が私より年下の気持ちの良い若者ばかりで、楽しいオフ旅行でした。

その時に、この会社の中間管理職とおぼしき中年男性に「大人の社会人のたしなみ」というものを見せてもらいました。別段、大きなドラマがあったわけではなく、まさに「ありふ

れた日常の風景」でしたが、その記憶は今も鮮明です。

最初の晩の夕食の時。その中年男性はご家族とともに食堂に現れるや、迷うことなく、一番端っこのテーブルに席を確保。続いて、きびすを返すように配膳口にやって来て、奥で忙しく夕食の準備をしている管理人さんに向かって「お元気そうで！　今年もお世話になります」と素早く手土産を渡しました。今はどうだか知りませんが、あの頃は保養所の管理人さんと言えば、その会社のOBというのが通り相場で、かつての上司だったのかもしれません。その手際の鮮やかさ。「段取り」に一切のムダはありませんでした。

その後です。三々五々、お鍋の食事が始まった時、私はたまたまその場面を見ちゃったんですが、その中年男性は配膳に来た管理人さんになにやら耳打ち。話し終えた管理人さんはちらりと私たちのテーブルの方を見て、「了解」みたいにうなずきました。

ほどなくして、半ダースほどの大瓶のビールが運ばれ、「あちらからの差し入れですよ」って。どうやらグループの中に以前の部下がいたらしく、その元部下の若者はすかさず、端っこのテーブルに向かって大声で「お気遣い、ありがとうございまーす」。みんなも後に続くので、部外者の私も仕方なく「ありがとうございまーす」。相手の男性は「おう」と左手を挙げて答礼。うーん、現認の合図も決まってる。

でも、その男性とのやり取りはそれだけ。男性は食事を終えると、私たちのテーブルに近づくこともなく、何も言わずにご家族と一緒に部屋に戻っていきました。その涙ぐましいまでの気配りはまさに「サラリーマンの鑑《かがみ》」のように思えて、少し毛色の変わった会社にいた私は大げさでなく、胸を撃ち抜かれました。

あの頃の製鉄会社にはまだまだ「鉄は国家」の自負と矜持があったように思います。合従連衡が繰り返された今は、各社の伝統や社風もぐちゃぐちゃになっているかもしれませんが、矜持は今もなお残っているものと信じています。

ところで私はといえば、こんなスゴイものを見てしまったこともあり、自分の会社の保養所をとうとう1度も利用することなく、中途退社してしまいました。だって、メンド臭いじゃないですか。せっかくの休みなのに、誰に会うかわからないなんて。こんなことを言ってるから、私は会社勤めが続かなかったのだと思っております。

「周辺取材」の第一歩は取引銀行や同業者から

企業取材に「周辺取材」は付き物です。取引金融機関、大株主の機関投資家、大口取引先（仕入れ先、卸先）、ときには個人のユーザーまで、その会社をよく知るステークホルダーに経営の現状や評価を聞き出すわけです。正攻法は、メインバンクに真正面から取材することだと思います。

こうした表玄関からの取材では、一般的にあまり面白い話は出てきません。大抵は当たり障りのない、正直に言って退屈な話で終わります。いわば「公式見解」です。

それでも、これを押さえておくことはやはり大切。これから縷々《るる》述べる「ご近所の評判」の真偽のほどを測るリトマス試験紙の1つとして役に立つからです。耳にした噂話がいい話でも悪い話でも、この公式見解とあまりに違う印象を受けた場合は、「要注意情報」と考えるのが無難であることは言うまでもありません。情報収集のアンテナを広げるのは、その次の段階であって、まずは正攻法の周辺取材から始めるのが王道でしょう。

中小企業の場合は、同業者に話を聞くと、取引銀行などの直接関係者よりはもう少し生々しい話が聞ける場合が多いと思います。地場産地の同業者組合や業種別の下請け組合に加盟している会社は、ライバルでもあり、同じ海を渡る航海仲間でもあります。どこの業界も世界は狭いので、日常的にお互いの評判はすぐに耳に入ってきます。

往々にして、そんなところには意外な真実があるもの。第3章で取り上げた「バブル最盛期のバカみたいな倒産劇」も、もし同業者組合の事務局に行かなければ、私は「周囲が抱く懸念」を事前に知ることはなかったでしょう。

その際のツボは、同業者組合に君臨している長老格の大ボスよりも、もう少し下のまだ現役で、面倒見が良く、人望が厚い兄貴分クラスの社長さんを探し出すこと。こうした経営者のところには、お人柄を映すように、自然にいろいろな情報、それも比較的筋の良い情報が集まってくるものだからです。

同業者は見た！　危ない会社のチェックポイント

私の高校時代からの親友で、都内で自動車部品の下請け中小企業の2代目社長をやっているMさん（君では失礼なので）はこのタイプだと思います。社長歴は実質30年。若い時に父親が急逝《きゅうせい》したため、修業先から急遽呼び戻される形でバトンを引き継ぎ、同業の先輩経営者たちに励まされ、鍛えられながら、少しずつ会社を大きくしてきた苦労人です。それが今では逆の立場。同業者組合のまとめ役の1人になり、若い後継者たちの指導教官的な役回りを果たしています。

本書を書くに当たり、同業他社の栄枯盛衰をごく間近で見聞きしてきたMさんに改めて話を聞くと、いろいろな実例から学んだ〝自戒のための経験則〟を披露してくれました。それはそのまま、「同業者の目で見た危ない会社のチェックポイント」になりそうです。主な発言を金言集的にアトランダムに列記すると、

「中小企業は3期連続して赤字が続けば潰れる」

「大事なのは総資産。これが脆弱な会社はほとんど残っていない」

「借金できる能力は大事だが、もっと大事なのは返済する能力」

「元請けといくら太いパイプがあっても、最後は決して助けてくれない」

「工場の海外移転が続く今の時代に『取引歴50年』なんて通用しない」

「内部崩壊した会社は数知れない。一番怖いのは、信頼していた技術者の造反・裏切り」「同族会社はオーナーが株式の過半数を持っていないと、骨肉の争いを招く」

といったところでしょうか。第3章で紹介した本郷税理士の指摘と合致するような視点もあって、同業者を見る目というのはかくも厳しいものであることがよくわかりました。Mさんには次の第6章でもう一度、登場してもらいます。

狡猾《こうかつ》な情報戦で飛び交うフェイクニュース

同業者同士でも、これが大企業となると、話はまったく別です。ライバル間の競争が激しければ激しいほど、お互いの足の引っ張り合いは凄まじく、よほどしっかりと身構えていないと、仁義なき情報戦の嵐に巻き込まれ、翻弄されることにもなりかねません。

自動車業界を担当していた時にこんなことがありました。先輩記者と2人で、某大手メーカーの役員さんに国内販売戦略について取材した時の体験です。

全国にいくつかある販売激戦区の動向を聞くのが主な目的でしたが、その1つである静岡県に話が及んだ時、その役員さんは突然、ほとんどドサクサ紛れのような早口口調で「そういえば、○×さん（ライバル系列の有力ディーラー）はかなり大変なことになっているらしいね」などと言うや、聞き返す間も与えず、素知らぬ顔で別の話題に話を切り替えました。メモを取る先輩記者の手が一瞬止まった映像が、今もストップモーションのように記憶に残っています。

そんなのまったくの初耳情報。先輩は「どう考えたって嘘っぽいけど、聞いちゃった以上はしようがねぇよなあ」などとブツクサ言いながら、その日から夜回り取材に走らされることに。私もいくつかの筋に当たってみたのですが、結局、煙1つ出てきませんでした。

この役員さんは何を狙っていたのでしょうか。善意に解釈すれば、自分もたまたまそんな噂話を耳にしたので、ちょうどいい機会だから、新聞記者にカマをかけてみただけなのか。悪意に解釈すれば、前線部隊を支援する撹乱《かくらん》戦術の一環として、意図的に「為にする情報」、今で言う「フェイクニュース」（2017年流行語大賞間違いなし！）を流したのか。真相は謎のままです。そういえば、あの役員さん、三河の英雄である家康公によく似た体形の、どうにも喰えないタヌキオヤジ然とした御仁ではありました。

きれい事だけでは済まないのがビジネスの世界です。地上で血で血を洗う肉弾戦が戦われているのと同じ時に、空の上では敵味方入り乱れてのバトルロイヤルのような空中戦が繰り広げられているわけです。あの時代でこれですから、インターネットメディアが発達した現在がどのようなことになっているかは、想像に難くありません。

最新のステルス兵器やなりすまし兵器が続々と投入され、営業妨害どころか、会社の機能そのものを止めてしまうような悪辣《あくらつ》きわまりない情報（システム）操作が当たり前のように横行しています。華やかでカッコイイ最先端のカタカナ業界だって、例外ではありません。むしろ、そちらの方が、より巧妙かつ狡猾なトラップがいろんなところに仕掛けられているのではないでしょうか、恐らくは。

ライバルとその周辺からの情報収集と分析・活用には、慎重の上にも慎重な姿勢で臨まなければなりません。

「ご近所の評判」を探り出す必勝ノウハウ

それよりもっと身近な「ご近所の評判」レベルで、会社の現状に探りを入れる方法には、いくつかあります。基本は、前述した「社員ウォッチング」と同様のやり方です。

地方の会社を訪問する場合に絶対にやるべきなのが、タクシーの運転手さんに最近の様子を聞いてみること。まず、最寄り駅からタクシーに乗り込んだら、余計なことは言わずに「△□社までお願いします」と社名だけを告げてみます。実はこれが情報収集の第1ステップ。これだけで発車してくれたら、とりあえず「地元の認知度はそれなりにある」と判断できます。ここで「えっ、住所は？」などと聞き返されるようでは、はや「△」です。

クルマが無事に動き出したら、すかさず「最近どうですか、あの会社。私は初めて行くんですけど」などと聞いてみましょう。すると、「ここんとこ、お客さん多いですねぇ。昨日も3往復しました」とか、「最近は中国人のビジネスマンをよく見ますよ」とか、「いやぁ、リーマンショックの前は良かったんですけど、その後はねぇ……」とか、実感のこもった話をしてくれるものです。

運転手さんが納得できるいい返事を寄越したら、私はもうここで、少なくとも業績（売り上げ）面に関してはひとまず「○」を付けちゃいますね。自分なりの裏付け材料があるから、運転手さんはそう言っているわけで、それは根拠レスの噂話や印象だけの見立てとはレベルが違う、一定のエビデンスのある話だと判断できるからです。

その会社が会議や宴会でよく利用する近所のホテルも格好の偵察ポイント。そうしたホテルはその会社への訪問客が泊まることも多いはずなので、チェックイン時にフロント係にそれとなく聞いてみるとよいでしょう。この〝的中度〟もタクシー並みだと思います。

会社の活気や社員のしつけ、お行儀を確かめるには、ランチ時に近所の定食屋さんや喫茶店に行くのが、一番手っ取り早い方法です。書きながら思い出したのですが、昔、大阪は通天閣の近くにある中小企業に行った時、早く着き過ぎたので喫茶店で時間を潰していたら、隣の席にいたのが偶然にも目的の会社の人だとわかって案内を頼むと、会社の前まで来たら小さい声で「あそこで会ったことは黙っていてくださいね」。ごめんなさい、おくつろぎのところ。でも、安心してください。私の気分は「◎」でしたから。

さて、会社に着いたら、ゲート脇の詰め所や通用口にいる警備員さんや、トイレなどで会った清掃員さんにひと声かけてみるとよいでしょう。これも私の常套戦術で、東京の大きな会社でもしょっちゅう試しています。

人生経験豊富で温和な年配の方が多いので、「ご苦労様です」と挨拶してから話を振れば、しばしの四方山《よもやま》話に付き合ってくれたりします。社内の様子を観察する目は鋭くて、「私、いつもここに立っているからわかるけど、残業は大分減りましたね。でも、若い社員の方はしらけた感じですよ」などと、ズバリ核心を突く意味深な言葉を聞ける場合もありますから、侮ってはいけません。

先ほどの本書の編集者は、別のビルにいた頃、たまたま自分がいるフロアとは違う階のトイレで用を足していた時に、掃除のおばさんにニッコリ笑顔で「この階の人はキレイに使ってくれるから助かるわ」と話しかけられ、それ以来、気が気でなくなり、トイレに行く度に〝自主点検〟していたそうです。良い心がけです。

お天道さまはどんなことでもちゃんと見ているという教訓です。

取扱注意!――アングラ周辺情報の探り方

最後に、真贋入り交じった会社の評判（評判の会社）や周辺情報を一網打尽にする方法を紹介します。あなたが土地勘のない地方の営業開拓を命じられた場合などに、お勧めの方法です。

それは夜の街に繰り出すこと。要するに、「夜のアングラ情報」をかき集めることです。もちろん、集めた情報の多くは「カギカッコ付き」になりますから、取り扱いには注意が必要ですが、その地方の「日常の風景」が肌感覚で実感できることは請け負います。

中洲（福岡）、すすき野（札幌）、栄（名古屋）ほどではないにしても、県都（県庁所在地）クラスの地方中核都市には人口相応かそれ以上の規模の、時にビックリするほど大ぶりな歓楽街が形成されています。そして、星の数ほどある飲み屋さんの中には絶対必ず、例外なく、単身赴任族が集まる店があります。伝手《つて》をたどって、そうした店を目指すのです。

とはいえ、その〝生態〟は街ごとに多種多様。単身赴任族が一堂に会する〝夜の異業種交流サロン〟のような店もあれば、銀行、生・損保、証券などの金融系の人が集まる店、新聞社、放送局などマスコミ系の店、裁判所、検察、国の出先機関、県庁への出向者など役人系の店といった業種別、さらには支店長クラス、中間管理職クラスといった階層別の店もあります。複数の系統が重なり合っている場合も、よくあることです。

ともかく、そんな店を見つけて、話を切り出せば、あなたが自分と同じ「よそ者」であるとわかった瞬間、「朋《とも》、遠方より来たるあり！」みたいに大歓待してくれて、いろんなお話を聞かせてくれるはずです。

手始めは、景況（輸出産業の動向、観光地のインバウンド効果）や雇用情勢（地場産業の求人・求職状況、大型工場の進出・撤退）といったマクロ・セミマクロ経済動向。続いて、ビジネス関連のミクロ動向（有力企業や注目企業、大型ショッピングセンターの入り込み状況）へと展開します。一番大事なのはこのあたりですから、酔いが回らないうちに、特に有望見込み客になりそうな会社の名前が出てきた時にはしっかりと記憶しておきましょう。

少し楽しくなってくると、次は地元の旬な話題（Ｂリーグのバスケチームの成績や人気選手、ご当地アイドル、人気のご当地Ｂ級グルメ）の解説が始まります。これもセールスの際に訪問先の懐に飛び込むのに役立つツールになりますから、要チェックです。さらにお酒が進むと、次は県政の課題（次の知事選の噂、大型公共工事の許認可や進捗状況）へと移り、段々とキナ臭いにおいが漂ってきます。

と突然、話題は変わって、地元の歴史上のヒーローの話が始まります。が、これは次の話のためのマエセツで、いよいよ、本日最大のアジェンダである県民性（大抵は悪口ベース）の講演が始まります。結構長くなる場合もあります。とどめの各種ブラック情報（危なくて例示不能）、絶対に触れてはいけない地元のタブー（同）までたどり着く頃には、時計の針はとっくに0時を回っていることでしょう。

私の比較的最近の経験で言うと、東日本大震災から半年ほど経った頃でしたか、震災後2度目の現地取材で仙台に入った際に、国分町のスナックのママさんに震災復興マネーの行方に関する噂話の真偽のほどを尋ねたところ、現地でなければわからない、かなり信憑性の高い話を聞かされ、「実録系週刊誌の記事はあながち〝飛ばし〟でもなさそうだ」と実感したことがあります。

そうはいっても、こうした話は全部が怪しいとまでは言いませんが、基本的にはアングラ情報です。「参考情報」と肝に銘じて扱わないと、大けがをすることも十分にあり得ます。いくら単身赴任族の話が面白いからと言って、深入りは、深酒ともども厳に慎む方が身のため、と重ねてご忠告申し上げておきます。

第6章

こんな取引先とはサヨナラしよう！

――「下から目線」のチェックポイント

下請けいじめ、下請け泣かせは「会社のパワハラ」

本章では、仕事をもらう会社の立場で「危ない取引先・怪しい取引先の見分け方」を考えます。いわば「下から目線」による会社のチェックポイントとその対策です。

製造業の「協力工場」「協力会社」にしろ、サービス業の「業務委託先」「業務請負会社」にしろ、中小・零細企業の多くは、自分よりも大きな会社・組織から仕事を受注・受託することで、生計を立てています。つまり、「下請け」です。

下請け会社の経営は、「元請け（発注元）」に依存しています。当たり前ですが、お客である元請けから注文が来なければ、仕事はなく、おカネも入ってきません。だから、下請けは一生懸命にリクエストに応えようと努力するわけですが、いつもうまくいくとは限りません。トラブルは日常茶飯事。下請け側の力量不足で性能・品質が足りなかったり、納期が遅れたりすることもあれば、反対に、元請け側が急に仕様や納期の変更を求めてきて、下請け側の現場が立ち往生したり、大混乱に陥ったりすることもあります。

発注内容・条件に変更があった場合、大抵は下請け側がしわ寄せの一切合切を引っかぶり、なんとか帳尻合わせ、辻褄《つじつま》合わせをして、事を納めます。これが、「下請けいじめ」や「下請け泣かせ」の構図です。

なぜ、そうしたことになるかと言えば、元々「仕事を出す側」と「受ける側」という絶対的な従属関係があることに加え、会社の規模にも大きな「格差」があるからです。無理難題を押しつける「下請けいじめ」の原因は、すべからく、ここに行き着きます。

要するに、「上から目線」です。相手の痛みを理解しない、理解しようともしない、あるいは理解できない発注者側の「会社・組織ぐるみのパワハラ」と言い換えても差し支えないでしょう。この「上から目線体質」が変わらない限り、いつまで経っても「下請けいじめ」がなくなることはありますまい。

私は駆け出し記者の時代から、たくさんの中小企業経営者から「下請けいじめ」の実態とその〝手口〟を聞かされてきました。思い浮かぶままにキーワードを挙げていくと、「丸投げ」「ちゃぶ台返し」「越権介入」「頭越し」「手順無視」「指示の錯綜・混乱」「見殺し」「責任逃れ」「責任の押しつけ」「（成果・手柄の）横取り」「（知財の）パクリ・無断借用・無許可流出」「事後報告」「支払い遅延」「支払い条件の後出し変更」「ハシゴ外し」「切り捨て」

「乗り換え」「飼い殺し」……

とまぁ、相撲の決まり手じゃあるまいに、よくぞこれだけいろんな話が飛び出してくるものです。新ネタを聞く度に、「まだあるのか」とあきれました。

そして、現在。フリーになって丸18年経った私は、この間に、かつて取材先で聞いたこれらの事象の多くを、「一個人事業主」として自分自身で体験することになりました。ホントのことですよ。その背景を、少し詳しく説明します。

ライター業とは、「相手に頼まれた原稿を書いて、その対価として原稿料をもらう」だけのとても単純な仕組みの仕事ですが、業務形態で言えば、基本的には「業務請負契約に基づく業務請け負い」になります。

実際の仕事は大きく分けて2つある、と私は考えています。1つは新聞や雑誌の編集部門からの依頼（発注）を受け、「外部ライター」としてそこの記者・編集者と同じ編集理念・方針で取材を行い、寄稿する仕事。もう1つは、新聞社・出版社も含めた「一般事業会社」からの発注を受けて、社内報やPR誌、営業・販促・技術資料、広告宣伝記事などのさまざまな用途の原稿を作成して、納品する仕事です。

とはいえ、これは取材・執筆におけるスタンスの違いでこう分けただけで、誤解を恐れずに言えば、要するに、どちらも「下請け仕事」なのです。発注者側から見れば、ライターも「下請け業者」に過ぎないということになります。

契約形態にはいろいろなパターンがあり、前者はほぼすべてが発注者との直接契約ですが、後者の場合はケース・バイ・ケース。私自身が発注者と直接契約する「1次下請け」の場合もないわけではありませんが、多くは「発注企業→編集制作会社→ライター」というパターン。ここでは私は「2次下請け」＝「孫請け」の立場になります。

さらに、企画会社や小さな編集プロダクション（編プロ）などがこの間に入る場合もあって、そうなると、私は「3次下請け」、ときには「4次下請け」という最下層のか弱い立場で当該プロジェクトに参加させていただくことになります。当然、下になればなるほど、〝下請け色〟はどんどん濃くなっていきます。

と、いうようなことです。そこで、「問題提起」の意味も込めて、3つの実例を紹介します。2つは私自身の体験談です。この中には、下請け事業者の自衛策としての「質《たち》の悪い取引先を逆選別するためのチェックポイント」と「自戒すべきポイント」の手がかりがいろいろ含まれていると思っています。

上から目線、下から目線の狭間で起きた〝領域侵犯〟――実例①

あらまし フリーになってまだ3、4年の頃、大手出版社が発行する有名雑誌の連載コラムの取材・執筆チームに参加していた時に起きた出来事です。このコラムは、既存商品にユニークな新機能を加えながらも、元々の高いクオリティーを失っていないような〝本格派の高級便利グッズ〟を毎回1つ取り上げ、その特徴や楽しさを〝物撮《ぶつど》り〟専門のカメラマンが撮り下ろしたオリジナル写真とともに掲載するものでした。

執筆陣は5人ほどいて、全員がフリーの外部ライター。商品選考会議は2、3カ月に1度開かれ、各人が毎回5つ前後の候補商品を見つけてきて、担当の女性編集者とカメラマンを加えたメンバー全員で、各人が自分で手配した商品の実物を試しながら、あーでもない、こーでもないと議論して「当選作品」を絞り込んでいきます。実際に記事を書くのは選ばれた商品を持ち込んだライターに振るのが約束で、「当選なし」で終わることも度々。この世界の一般的な請け負い業務としては、かなりハードルの高い仕事でした。

チームに加わって足かけ3年が過ぎた頃、私が持ち込んだ中部地方の地場中小家具メーカーが開発した室内家具が当選し、掲載されました。すると、予想外に大好評で、担当編集者から検証データ付きで「過去最高の反響」と告げられ、ひとり悦に入っていました。

ところが、その数カ月後。最新号の別コーナーに、この家具メーカーの別の商品が載っていたのです。私は何も知らされていませんでした。実は、そのことがわかったのは当の家具メーカーの話から。別件で電話を入れたところ、「先日はありがとうございました、また載せていただいちゃって。なんでも、高嶋さんはご都合が悪かったそうですね。お会いできなくて、残念でした」。えっ、何の話？

聞けば、取材に来たのは、同じチームの古参ライター。私より年の若い男で、その編集部では便利に使われていました。これでブチ切れた私は、即座に抗議の電話を入れました。

「一体どういうことですか。この会社をご紹介したのは私ですよね」

「何言ってんですか、あなた。じゃあ、高嶋さんがトヨタや日産の新型車の記事を書いたら、次にウチがトヨタや日産を取り上げる時は、いちいちあなたに連絡しなくちゃいけないってことですか」

「誰もそんなこと、言ってないでしょう」

ものの道理がわからない人にいくら頑張ってわからせようとしても、わからないからわからないわけで、いつまで経っても話は平行線でした。

問題の所在と背景考察

これは次のようなケースとよく似ていると考えます。「取引経験のない地方の会社の商品を、問屋Aを通して仕入れた有名小売店Cが、その好調な売れ行きに気を良くして、今度はAには内緒で、Aより付き合いが長くて使い勝手のいい問屋Bを経由して別の商品を仕入れた」。

実際によく耳にするような話ですが、この場合、代理店契約などの制約がなければ、恐らく法的には何ら問題はない商取引でしょう。ですが、まっとうな商慣行に照らして考えれば、お世辞にも「お行儀がいい取引」とは言えません。仕入れ先・仕入れルートは、問屋さんの商品力、収益力を決する命綱です。どんなに繁盛していても、Cがこんな荒っぽい仕入れをやっていることを知れば、心ある同業者はみんな、眉をひそめるに違いありません。

ライターの「取材源」もまったく同じです。どんな引き出しを持っているか、手駒はどれくらいあるか。それはコア・コンピタンス（優位性）そのものであり、経験と知見の固まりのような「知的財産」です。この事例で言えば、東京にいて外部ライターを使ってネタをかき集める方式で記事を作っているこの編集者が、自力であの家具メーカーを発見できたとは私には到底考えられません。最低限でも、事前に相談したり、事後に掲載予定号や取材がどんな様子だったかくらいは報告するのが当然のマナーで、これはもう社会常識の範疇《はんちゅう》でしょう。

要するに、「上から目線」です。この女性編集者、そして編集部には外部ライターに対する「リスペクト」のかけらもない、ということだと私は思います。

その後の対応

当然、この雑誌の仕事はすべて手仕舞いにさせていただきました。

今だから気づく反省点

一番悔やまれるのは、それ以前から何度となく警戒アラームが鳴っていることにうすうす気づいていながら、何もしてこなかったことです。そもそも、最初に出た会議で「嫌な空気だなぁ」と感じていました。

元凶は、かの担当編集者。私より一回り以上若い女性でしたが、およそ社会常識もビジネスマナーも身についていない人で、笑顔を見せたこともない。会議はいつもなんとなく始まり、流れ解散的に終わる。前回掲載商品の反響の報告や、今後の特集企画その他の雑誌全体の編集方針についての説明もない。他の媒体ではあり得ないお流儀です。いくら外部ライターでも編集部の基本情報を伝えて、共有しておくようにするのは「良い誌面作り」の大前提で、どこでもやっています。会議中の物言いもブッキラ棒で、こちらの説明に対して侮蔑《ぶべつ》的な言葉を返すことも毎度のこと（まぁ、編集長や副編さんの口写しでしょう）。他にもいろいろあって、シグナルはたくさん出ていたのです。

にもかかわらず、私は「これがこの編集部のやり方なんだろう」と考え、言いたいことも我慢して、身を任せているだけでした。これがマズかったのだと思います。

まだ下請けライターとしての経験・ノウハウが不足していたあの頃の私は、「相手の作法と流儀に合わせる」ことを必要以上に意識し過ぎて、普段の記者としての基本動作を忘れていた、いや、自ら放棄していました。編集者の侮蔑的な発言に対しても、論拠をきちんと示して反論すれば、軽く論破できたはずなのに、私はそれをやって来なかった。いいクライアントを失いたくないのは人情ですから、「相手の気分を害する」ことを恐れ、萎縮してしまっていたのです。情けないけど。

相手の「上から目線」は噴飯物でしたが、こちらも卑屈な「下から目線」だったということです。下請けであっても、言うべきことはきちんと言わなければいけません。私もそうしていれば、少なくとも、あんな口惜しい事態は避けられたと思います。

元請けの〝越権介入〟――実例②

あらまし それから1、2年後。前から付き合いのあった編集制作会社にお声がけいただいて、「2次下請け」のライターとして、某大手生命保険会社のある営業部門が企画している新しいPR誌の立ち上げプロジェクトに参加しました。

週刊誌サイズで8ページ程度の小さな媒体で、個人向け保険商品のご案内といくつかの旬な話題を読みやすくまとめることを基本コンセプトにして、まずはテスト版を作り、顧客の反応を見て、今後の発行プランの詳細を固めていこうという段階でした。ですから、テスト版とは言っても、この業界でいう「ダミー」ではなく、実際に顧客に配布する、ソフトウェア業界で言うところの「β版」を作るという仕事でした。

企画会議では、「旬な話題」の1つとして、私から、媒体の想定ターゲットにも合う話なので、シニア向け商品を1日の生活時間の流れに沿ってストーリー仕立てで紹介するというアイデアを提案し、「取り上げる商品は少なくとも6〜7個はほしい」といった注文が付いたくらいで、無事に承認されました。

仕上がった記事は編プロを通過し、発注元の現場責任者である課長さんの「ＯＫ」も出て、あとは印刷所に回すだけ。やれやれと安心していたら、その翌日、担当編集者のDさんから、「商品の順番を入れ替えろって言ってきたんですよ。なんとかしていただけませんか」と泣きの電話が。なんでも、その上の部長さんが最終決裁のハンコをつく段階で、修正指示を出したのだとか。

やむなく、編プロのオフィスに急行して、Dさんに理由を問いただすと、「しつこく聞いたんですが、課長さんは何も言ってくれないんですよ」と困惑した表情を浮かべるばかり。「だったら、もう1回電話して、確認してくださいよ」といくら頼んでも、「これ以上はできませんよ」と動こうとしません。ついに私も臨界点に達してしまいました。

「だったら、俺はイヤだよ。何か事情があって、載せてほしくない商品があったから差し替えろとか、理由がわかればいくらでも書き直すけど。ただ順番を入れ替えろ、だけじゃ、どうしようもないじゃん。できませんよ」

商品を羅列しただけの無機質な記事なら、それは簡単です。ですが、この記事は「1日の生活時間に沿って情景として描く」ことにしたのは合意事項。「順番を入れ替えろ」で済む話でないことは、先方もわかっているはずです。無理難題とはこのことです。

けれども結局、板挟みに合って右往左往するだけのDさんとの話し合いは物別れ。立場上、最終判断はDさんに委ねることを了承しました。内心では「あれだけ言ったんだから、なんとか押し返してくれるだろう」とDさんの踏ん張りに期待していました。

結果はご想像の通り、私の甘い期待に反して、部長さんのご指示通りに順番が入れ替わった記事になっていました。ほぼ丸ごとポコッと入れ替え、意味不明でごまかしにもならない〝つなぎ言葉〟が途中に1行追加されただけで、何ともギクシャク、凸凹とした出来の悪い記事に生まれ変わっておりました。

問題の所在と背景考察　事の本質は「元請けの指示に従って、下請けが描き起こした部品の設計図や金型の設計仕様書を、勝手に修正、改ざんした」という構図と同じだと、私は考えます。私に言わせれば、下請けの知財に対する一方的な侵犯行為で、双方の役割分担の範囲を逸脱した〝越権介入〟です。

このケースでは、直接請け負った編プロ側が了解のうえで修正に応じた形になるわけですから、法的な問題はないでしょう。私も「Dさんに任せる」と言った以上、もはや口を出せる段階は過ぎています。署名記事ではないことも当初から合意済みでしたから、著作権の問題が発生することもありません。

それはそれとして、この生保会社のそもそもの仕事の進め方、「業務プロセス」は大いに疑問です。課長→部長と来ての「ちゃぶ台返し」ですから、手順的には文句は言えないのかもしれませんが、現場が混乱に陥ることは明白です。早い話が、「部長と課長で言うことが違う」の典型です。最終決裁者である部長さんが「変えろ」と指示を出すのであれば、下の者が理解できるように理由なり、根拠なりをきちんと説明するのは職責上の当然の義務なのであって、それをやらないのは単なるパワハラです。

だいたい、どんなつもりで修正を指示したかなんて、ミエミエですよね。「ただハンコを押すだけじゃ、俺の沽券《こけん》に関わる」とアリバイづくりのために、仕事のための仕事を作っただけでしょ。そう言われたって、仕方ないと思いますよ。

それよりもさらに腹が立つのが、ここでもやはり、下請け業者に対する「リスペクト」の欠如。このプロジェクトでは、私は先方の要請に従い、事前に業務経歴書と過去の成果物のサンプルを提出しています。それを見て〝採用〟を決めたんですから、もう少し、こちらの腕を信頼してもらってもいいのではないかと思うのですが、いかがでしょう。

その後の対応

当然、本テスト版をもって、降板させていただきました。このPR誌がその後どうなったかなんて、興味もないので知りません。

今だから気づく反省点

2点あります。1つは、Dさんに対する非礼な振る舞い。Dさんは私より年下。前から一緒に仕事をしてきた間柄だったので、この仕事でも完全にタメ口態度でした。クライアントの無理筋命令に対する話し合いでも、私は「俺のことはよくわかってるはずじゃないか」という甘えと自我むき出しの態度で臨み、Dさんの煮え切らない様子にイラ立ち、ついには怒鳴り声を上げてしまいました。いい年をして、立場をわきまえない、あるまじき態度でした。Dさんには申し訳ないことをしました。

2つ目は、この延長線上にあることですが、元請けの生保会社との協議をDさんに任せっきりにしてしまったことです。変なところで孫請けの立場を意識し過ぎて、「生保会社との協議や交渉は編プロの仕事。口出しは無用」と決め込んでいました。そこに自信過剰が加わり、あのザマです。世の中、そんな甘いもんじゃありませんでした。泣く子と地頭とクライアントには勝てないのです。

もしあの時、Dさんに同行してもらって生保会社に乗り込み、部長さんときちんと話し合っていれば、あるいは部長さんにもそれなりのお考えがあることがわかり（本心はそんなものなかったと思っていますが、今でも）、双方の見解をぶつけ合う中で、落とし所が見つかったに違いありません。そうしないと、雑誌が出ないし。

つまりは、この時もまだなお、私は「下請け仕事の身だしなみ」をわきまえていなかった、それが判断ミスにつながり、不本意な結果を招いたということだと思います。

いじめの二重奏――実例③

あらまし　これは、長年の仕事仲間である零細編集プロダクションの女性経営者・Eさんが、限りなく現在進行形に近い形で体験した出来事です。Eさんはこの道一筋20年以上のベテラン編集者。以前勤めていた大手出版社では書籍制作、雑誌編集から、社史や社内報などの受託制作までこなしたオールラウンダーで、その腕を活かして5年ほど前に独立開業しました。

Eさんは3年ほど前から、中堅生産財メーカーの各種宣伝媒体、販促資料の制作を請け負っていました。発注は不定期ですが、量はそこそこ多いそうです。直接やり取りする窓口役は、30歳代半ばの女性社員のFさん。与えられた仕事には何事にも全力で取り組む真面目な性格で、気立てもいいので、すぐに仲良くなり、お互いに相手を信頼して、日頃の悩みを打ち明けられる良い関係ができています。

2人の悩みのタネで、〝共通の敵〟はFさんの直属の上司でそれら媒体の制作・管理責任者のG部長。Eさんによると、このお方がほとんど漫画チックなくらいに悪質なパワハラ上司で、部下はいつも戦々恐々、部内の空気はピリピリしているそうです。中でも、一番被害を受けているのが件のFさんで、メールで矢継ぎ早にアレコレ細かい指示を出し、対応が遅いと非難の嵐。会議の席でも、Fさんがいつも罵詈雑言《ばりぞうごん》の標的にされていて、正真正銘歯を食いしばって必死に耐えるFさんの姿に、Eさんは心を痛めていたと言います。

ところが、２０１６年秋の初め頃。そんなFさんの我慢もとうとう限界を超えてしまったのでしょう。体調を崩して、会社を休みがちに。うつの初期症状が出てしまったのです。それでも真面目なFさんは、そんなことお構いなしに飛んで来るG部長からのメールを自宅のパソコンでチェックし、必要な事柄だけをEさんに転送して、すぐに電話で「ご迷惑をおかけして申し訳ありませんが、よろしくお願いします」とフォローしていたというのですから、この会社にとっては宝物のような模範社員です。本当にお気の毒としか言いようがありません。聞いているだけで泣けてきちゃう。

Eさんも見るに見かねて、ついに立ち上がりました。年明け早々、打ち合わせで訪問した際に、G部長に対して、知恵を巡らせてこんな〝緊急提案〟をしたのです。

「体調を崩されたFさんのことも心配なんですが、実は、どうしても連絡が遅れ気味になってしまい、私も少し困っています。そこで差し出がましいのは重々承知しているのですが、彼女が休んでいる間は、私に直接ご指示を頂戴できないでしょうか。その方が確実ですし、作業もスムーズに流れると思います。何かあった時にもすぐに対応できますし。何卒よろしくご検討ください」

話の途中でG部長の顔色が変わっていったのがはっきりわかったそうです。相手の反応は、ほぼ予期していた通りで、「案の定」なものでした。

「自分を何様だと思ってるんだ。こっちは仕事を出してるんだぞ。仕事をもらってるくせに、お客の社内事情にくちばしを挟むつもりか、ふざけるな。そういうことなら、こっちにも考えがあるぞ」

恫喝のつもりなんでしょうかね。Ｅさんもこれを聞いて、内心、スッキリしたそうです。「これで迷いが吹っ切れた。あー、良かった」。

問題の所在と背景考察

本件はこれ以上の説明は不要でしょう。単なるパワハラの二重奏、部下へのパワハラ、下請けへのパワハラの合わせ技です。相手が２人とも女性だったのはたまたまかもしれませんが、根底にはＧ部長の女性蔑視もありそうで、セクハラ的要素も紛紛《ふんぷん》と漂っている印象です。この推察がその通りであれば、ほとんど犯罪行為にも近い暴挙。許しがたいとしか言いようがありません。

その後の対応

契約は逐次ベースなので、Ｅさんとしては現在抱えている仕事が片付きさえすれば、今すぐサヨナラできるのですが、それでもやっぱりＦさんのことが心配。そこで、Ｅさんはでき得る限り、Ｆさんにとばっちりが行かないように段階的なフェードアウト作戦を立案。綿密な作戦行動によって、直近の報告では「ほぼ安全圏に抜け出た」といい、本書が店頭に並ぶ頃には無事に作戦完了となっていることでしょう。

本人の反省の弁と私の見立て

Eさんは「前々から、あまり筋の良くないクライアントであることはわかっていたし、頃合いを見計らって、なるべく早く撤退しようと考えてはいたんですが、彼女のこともあり、なかなか踏ん切りが付かなくて。もっと早く決断しておけば、ほかの仕事ができたのに。バカみたいですよね」と自嘲気味に語っています。

私の感想を述べれば、まるでG部長の肩を持つかのような言い方になりますが、Eさんはやはり、Fさんのことを慮《おもんぱか》るあまり、少し深入りし過ぎたように思います。クライアントと信頼関係を築くのは重要だし、Eさんの義侠心と勇気はスゴイです。敬服します。

そうは言っても、ビジネスはビジネス。一定以上の私情の持ち込みは禁物なのではないでしょうか。友達なんだから、仕事の関係が切れても、別の形で支援・応援する方法はあるはず。会ったことはないけど、私もFさんを応援しています。

この話に関連して、第5章でご紹介した下請け自動車部品メーカー社長のMさんのもう1つの〝金言〟を追記しておきます。このケースと直接結びつくわけではない、まったく別の視点からの指摘なのですが、下請け側の「元請け・クライアントとの付き合い方」の基本的姿勢について示唆を与えているように思います。言葉だけの紹介に留め、あえて解説は加えません。

「どんなに長く、仲良く付き合い、信頼し合っていても、相手も所詮はサラリーマン。最後まで面倒見てくれるわけではない。大きな会社にとって、小さな会社が１つ消えたからと言って、痛くもかゆくもない。代わりはいくらでもいるのだから」

すぐにできる自衛のための小技２題

現実問題として、小さい会社が大きい会社を逆選別することなど、そう簡単にできる話ではありません。相手の社名やブランドがまぶしくて、その裏に潜んでいる（であろう）数々の問題点がなかなか見えてこない。そもそもケンカをしようにも、相手の体がデカ過ぎて、初めからケンカにならない。

お付き合いを始めた比較的早い時期に「嫌な会社だなあ」と感づいても、今さら後には引けません。中途半端に取引中止などしようものなら、どんな話が広がっていくかわかったもんじゃない。たとえ１００％相手に責任がある場合でも、業界には真逆に伝わってしまうかもしれません。いや、必ずそうなります。真実の在処《ありか》などはどうでもよくて、表面に現れた出来事だけが独り歩きしていく。他人の不幸は我が身の幸福。ライバル会社は「競争相手が勝手に転んでくれた」と、ここぞとばかりに、あることないこと尾ひれを付けて、噂話を拡散していくことでしょう。世間とは、そういうものです。

まさに、進むも地獄、退くも地獄。ならばせめて、少しずつでも、できることから、我が身を守る対策を準備しておきましょう。下請けライターの私も「何かいい方法はないか」と ない知恵を絞って、いつも一生懸命考えているのですが、ここでは、すぐにできる2つの小技をご披露します。

取引相手の社風や流儀をあぶり出すおとり作戦

これは第5章で取り上げた「グループ取材」の経験から編み出した一種の動態観察手法。ひと言で言うと、女性社員に協力してもらって行う〝初動段階でのおとり捜査〟のようなものです。セールスや企画提案などで新規の顧客・見込み客を訪問する時や、実際に仕事が始まるキックオフ会議の際に実行するとよいでしょう。

具体的には、こんな作戦です。まずはペアやチームで会社訪問する時に、メンバーの中に女性の部下・同僚に加わってもらいます。

次に、ここがキモですが、その女性にあらかじめ「出番」を設定しておきます。1コマか、できれば2コマくらい、彼女が主役になる場面をあらかじめ作っておくのです。プレゼンでよく見るような、複数の社員がテーマ別に役割分担して発表する手法のイメージです。狙いは、「当該テーマについての担当者・責任者はこの女性である」ことを先方にしっかりと示すことです。

もうおわかりだと思いますが、この時に相手側、特に相手のチームリーダーがどのような態度で話を聞き、どんなリアクションを見せるか、を観察するのです。他の男性メンバーの話とまったく同じように真面目に話を聞き、当の女性社員に率直に質問をぶつけてくるようなら、とりあえずはひと安心。

それが、小バカにしたような薄笑いを浮かべたり、話が終わった途端、たった今彼女が言ったばかりのセリフをそのままオウム返しして、「ということでよろしいんですよね」などと、こちらのリーダーに念押ししたりするなら、要注意。パワハラ、セクハラの恐れありです。

そこまでいかなくても、少なくとも「上から目線体質」はアリアリでしょう。

こうしたことから、今後のお付き合いの仕方についての「傾向と対策」を練っておくのです。「細かそうだから、何を置いても数字の話が先だな」とか、「この取引先との窓口はリーダーの俺自身がやらなければダメだな」とか、「女性は外しておいた方が間違いなさそうだな」といった、症例別の処方箋が書きやすくなると思います。

なお、自分の部署やグループの中に女性の適任者がいない場合は、できるだけ頼りなさそうに見える男性社員に、〝おとり〟の役回りを引き受けてもらってもよいでしょう。もちろん、女性でも男性でも、事前にしっかりと作戦要領を説明して、「何が起きても、必ずチーム全員で守る」ことを確約し、納得してもらったうえでやらなければダメですよ。それこそ、パワハラになってしまいますから。

大切な知的財産を守るためのはじめの一歩

繰り返し述べてきたように、いまや「知的財産権」対策は産業界全体の最重要課題。小さい会社であればあるほど、独自のアイデア、ノウハウ、知見などの貴重な知財の流出、喪失は致命傷になってしまいます。

基本的には、弁護士、弁理士などの専門家の力を借りて、しっかりとした対策を講じておくことが必要です。とはいえ、多くの会社では、そんなことは言われなくてもわかっちゃいるが……なのが実情だと拝察致します。

そこで、まずは手の届くところから始めましょう。とても簡単で、今すぐできる知財を守る自衛策の「はじめの一歩」です。やることは次の3点。これを1つの例外もなく、社員全員が励行し、社として完遂するのです。繰り返します、「1つの例外もなく」です。

①　資料・文書は、どんな場合も「紙」で手渡し、絶対にデータは提供しない

②　会議・打ち合わせで使った紙の資料・文書は、必ずその場で回収する

③　パワポで資料を作る時には、すべてのページに社名やロゴマークを入れ、すべての図表・イラスト・写真・動画に「マルC」マークのクレジットを付ける

以上を、会社が作成するあらゆる資料・文書に、「1つの例外もなく」適用するのです。

なぜ紙にこだわるかと言えば、説明するまでもなく、インターネットを通じた予期せぬ知財データの流出・拡散を防ぐためです。

会議の前に、取引先から「明日の資料は事前に送っておいてください。こちらでコピーしますから」と言われても、「いえ、量も多くなるので、こちらでご用意します」と丁重にお断りしましょう。メール添付やデータ送受信サービスで送るのは、いかなる場合も厳禁。ましてやUSBやDVD—Rなどのデバイス・メディアで渡すなどもってのほかです。

トナー代やコピー用紙代が少しくらいかさんでも、それは知財を守るための必要コストと割り切ります。その分はこの仕事でもっとたくさんおカネをもらえるようにして、埋め戻せばいいのです。

また、取引先に行くのに、ギュウギュウ詰めにしたバックパックを背負い、左右の手でそれぞれキャリーバッグを引くことになっても、汗だくになることなどいとわず、歯を食いしばってやり抜きましょう。根性です。忍耐です。人生は修行です。メタボ対策にもなると思えば、一石二鳥でいいじゃないですか。

「会議で使った資料は必ずその場で回収する」も、絶対にやり抜かなければいけません。対象は「社外秘」「部外秘」「関係者以外への閲覧不可」「本日の会議限り」の資料に限りません。元々顧客のところに置いてくることを目的とした「ご提案書」のような営業・販促用資料を除く、「自分たちで作ったオリジナルの資料・文書」のすべてが対象です。

相手が「あとでもう一度じっくり読み返したいので、1部でいいから置いていってくれませんか」と言ってきても、ここは譲ってはいけません。どんな圧力をかけてこようと、どんな嫌みを言われようと、ここは絶対防衛ラインです。正々堂々と「どうかご容赦ください。ご覧の通りのちっぽけな会社で、私たちにはこれしかウリがないものでして。どんなお客様に対しても、これだけは我がままを通させていただいております。ご迷惑をおかけしますが」と頭を下げましょう。

「御社を信用していないわけではありませんが」とか「ご不快でしょうが」などと余計な言い訳をする必要はありません。ちゃんとした人なら、理解してくれます。むしろ、評価が上がる可能性もあります。その意味では、これも相手を測るチェックポイントになるかもしれません。

パワポの資料に「全ページに社名を入れる」「図表にはクレジットを付ける」も同じ狙いです。社名は、ホチキス止めした対角の右下や右上にできるだけデッカく入れましょう。ロゴマークがなくても大丈夫。それよりはむしろ「○△産業株式会社」と大きめに表示して、その下に小さく「私たちからのご提案です」といった一文を入れた方がより効果的かもしれません。

図表類への「出典・出所」の明記は外部の資料を引用した場合は当然として、自社のオリジナルのものにも忘れずに付けましょう。既存のデータをカッコ良く加工・デザインした場合は、「○×△□（出典資料名）を基に、○△産業㈱がデザイン作成」といった感じで、しつこいくらいに詳しく表示してください。

これらを徹底したからといって、盗用や無断転用を直接的に防止する手段にはなりませんが、この手間をかけること自体に大きな意味があります。いかに知財に関連する権利保護の意識が高いか、その管理に神経を遣っているか、を相手に無言のうちに知らせることになるからです。つまりは「示威行動」、取引先に対するデモンストレーションです。

同時に、「ネットで見つけたどこかのデータを軽い気持ちで拝借する」ような悪しき習慣を、自分たちの会社から追放する基本動作、「気づき」としても役立ちます。特に新入社員に対する教育・研修ではこれを徹底的に教え込む必要があると思います。

「オープンイノベーション」の落とし穴

経営環境の激変は、「大企業と中小企業の関係」にも大きな影響を与えています。さまざまな新しい動きが起きている中で、私が今、関心を持って見ているのが２つの事象です。１つは「オープンイノベーション」の進展に伴う新しい企業関係の萌芽、もう１つが、Ｍ＆Ａ（合併・買収）に伴う取引関係の変化、です。

まず、「オープンイノベーション」（長いので、以下「ＯＩ」にします）。ひと言で定義すれば、「大企業、中小・ベンチャー企業、さらには大学・研究機関、自治体、ＮＰＯ法人など、あらゆる社会セクターがそれぞれのリソース・アセットを持ち寄り、社会的課題の解決に向けて、新製品・サービス、革新的ビジネスモデルといった新たな価値の共創を目指す取り組み」といったくらいに集約されそうです。

詳しいことは専門家に譲りますが、「大企業と中小企業の関係」という意味で、私が期待しているのは、まったく新しい「水平分業モデル」の台頭と定着です。

本章でここまで縷々述べてきた話は、すべてが旧来の「垂直分業モデル」のお話でした。

つまり、「上から目線」の大企業と「下から目線」の中小企業が「元請け―下請け」の関係で結ばれていたわけです。これに対して、ＯＩでは、大企業と中小企業が対等な立場でプロジェクトに参画することが枠組みづくりの大前提。ようやく「イコールパートナーとしての結びつき」が社会的に認知されるようになってきたということです。

このことは、私の「中小企業愛」を強く揺さぶっています。胸がときめきます。大歓迎です。実際、例えばＫＤＤＩ、三菱地所、三井不動産といった先進的な大企業では専門セクションを設け、地域社会と連携したり、コーポレートベンチャーキャピタル（ＣＶＣ）を組成したりして、すでに着々と成果を上げています。こうした動きは今後、さらに広がっていきそうです。

とはいえ、ここで一気に冷水をぶっ掛けますが、心配なこともあります。いつまでも古い体質から抜け出せない日本のビジネス社会にあって、例示したような先進企業はまだまだほんの一握り。中には、見かけは「ＯＩ」を語りながら（流行っているし）、実態は相も変わらぬ親分―子分の関係に終始しているような伝統的体質そのまんまの大企業も多いのではないか、と私は推測します。

「下から目線」で考えると、このタイプに引っかかったら悲劇です。理想と現実が乖離しているから、話はかえってややこしくなります。最初から「元請け―下請け」でやった方がよっぽどスッキリした、なんて事態に陥らないとも限りません。

「ハシゴ外し」には気をつけよう

さらに言えば、うまく滑り出した場合も、油断はできません。私が一番恐れるのは「ハシゴ外し」です。例えば、先頭に立って「ＯＩ推進」の旗を振っていた社長・ＣＥＯが交代した時。後任社長がイケイケドンドン型だったりしたら、「いつまでそんなママゴトみたいなこと、やってるんだ！」と一気にハシゴを外されるかもしれません。ＯＩでは成果が形になるまで時間がかかる場合もあるので、要警戒です。相手の言い分にいつでも反撃できるよう、データ収集や理論武装の強化にはぬかりなく取り組んでおくことが必要でしょう。

もっと身近なレベルでは、人事異動で担当部署の室長・課長さんや直接の担当者が交代した時も危険です。こうした戦略事業部門の人材はじっくりと仕事に取り組めるよう、すぐには手を付けないのが「戦略人事」の基本だと思うのですが、まぁ、伝統体質の大企業というのは人事ローテーションだけはきっちり守らないと気が済まない傾向があるので、こんなところにまで「3年任期」を適用してくる場合もありそうです。

新任の人がこの分野にあまり興味がないような場合は、空気がすっかり変わってしまうかもしれません。こうした事態には備えようもありませんが、せいぜいセンサーの感度を上げて、〝予兆〟を見逃さないようにしておきたいものです。

取引先がM&Aされたら……

日本の企業経営でも、M&Aはもはや当たり前の選択肢の1つになりました。海外企業の買収だけでなく、日本企業同士のいわゆる「内―内型」のM&Aも増え続ける一方です。以前は滅多になかったのに、今ではよく見るようになったのが、大企業が「選択と集中」による事業分野の見直しの一環で、子会社をよその会社に売却するケースです。

2つ目に挙げた「M&Aに伴う取引関係の変化」とは、そうした事態によって発生する既存の取引についての視点です。要するに、「ある日突然、取引先の看板（社名）が変わっていた」という事態にどのように備え、どう対処するかです。

取引先が買収された場合、当然のこととして、大小さまざまな影響が、取引相手の中小企業に及ぶことになります。「小」は伝票の書式・起こし方が変わることに始まって、「大」は取引内容や条件の変更も起きるでしょう。そして、最悪のシナリオとして想定しておかなければいけないのが「取引中止」です。

私自身も、実は体験しています。お付き合いしていた中小アウトソーシング会社が買収されたケースです。同社は編集制作の受託、マーケティング調査の代行、イベント企画・運営代行、専門人材の派遣などの幅広いアウトソーシングサービスを提供していたのですが、本当にある日突然、同業大手への会社の丸ごと売却が社員に発表されました。その結果、一番規模が小さくて、収益力も乏しかった編集制作部門が真っ先にリストラの対象となり、この事業部門の撤収・閉鎖が決定。私も仕事を1つ、失うことになりました。

では、このような取引先の経営環境の変化に、どのように備えればよいのでしょうか。私は最近はM&Aについての取材も増えてきているのですが、取材先の話や右の自分自身の体験を考え合わせると、「買収後おおよそ半年から1年」が先方との今後の取引をどうするかを見極めるタイミングだと考えます。

正確に言えば、「買収後2、3カ月あたりからセンサーの感度を一気に引き上げ、具体的な変化が現れ始める半年から1年後までに見極める」ということになります。

買収された会社の経営方針や経営スタイルを買収した側の経営スタイルに統一していく作業を、PMI（組織統合マネジメント）と呼び、専門書などでは一般に「PMIは早ければ早い方がよい」とされます。ただ、ウェットな経営風土の会社が多い日本では、多少時間を余分にかける傾向があるようです。そうは言っても、いつまでもズルズルと同じままで放置していては、何のためにM&Aしたのかわからなくなってしまいます。「半年から1年」という目安は、そうした背景から考察したものです。

私が体験したアウトソーシング会社の場合も「細かい手当などを除いて、1年間は事業体制も、人事制度も手を付けない」としていました。もっとも、実際の動きはもう少し早く、編集受託事業からの撤退も半年過ぎた時点で明らかにされ、きっちりと買収1年後に実行されました。

ですから、新しい経営陣による取引先への説明会や個別面談などでしっかりと話を聞くことはもちろん、この間に「会社の日常の風景」の変化をじっくりと観察して、「ホントのところは、どうなっていくんだろうか」を判断するのが最善手だと思います。

ただし、次のような場合は、そんな悠長なことは言っていられません。直ちに、緊急脱出の準備を始めなければいけません。それは、買収後に取引先の社員の退職が急増した場合です。

たとえあなたの取引相手の部署に大きな変化が見られなくても、隣の課がどうなっているかは、確かめないとわかりません。本書で述べてきた各種テクニックを駆使して、取引先全体の様子をチェックし、少しでも〝怪しい変化の予兆〟が感じられたら、たとえ「ウチは沈没船か、ネズミみたいな真似しやがって！」と罵声を浴びせられようとも、相手から一方的に取引中止を通告される前に、さっさと逃げ出す方がよろしいと思います。沈んでしまってからでは手遅れです。

第7章

ネット情報のツッコミどころ

企業ＨＰ、「裏読み的」５つのチェックポイント

企業に関する情報収集は、その会社のホームページ（ＨＰ）を調べることから始まります。この点は就職活動中の学生さんも、私のような取材記者も何ら変わるところはありません。その他のプロの企業ウォッチャーも同じだろうと思います。

けれども、その見方はというと、まだ心が汚されていない学生さんと、とうが立った私のような元若者とでは少し違っているかもしれません。一見、どれもあまり代わり映えしない、ありふれた企業ＨＰにも、ツッコミどころはいろいろとあります。

ここでは、初めての会社に取材に行く時に、私が実践している鉄板のチェック方法をご紹介します。かなりハスに構えた裏読み的な見方であることは認めますが、その目的・狙いは本書でこれまでに書いてきたこととまったく一緒です。つまり、その会社の本当の姿、「日常の風景」をＨＰから嗅ぎ取ろうと考えているのです。

必ずチェックしているのは、５つのポイントです。実際にいつも私がチェックしていく順番通りに並べると、次のようになります。

① 会社の電話番号はきちんと掲載されているか（企業概要、商品サイトなど）
② 会社へのアクセスマップはどのように作っているか（事業所案内など）
③ いろいろな情報の更新頻度に極端なバラツキはないか（更新履歴その他）
④ 自前の直販サイトを作っているか（会社サイト、または商品・ブランド別サイト）
⑤ 地元の公共機関や公益法人などへのリンクが張ってあるか（トップページなど）

極端なケースでは、本当にこの5つだけしか見ないこともあります。そもそも私は取材に行く前に、企業HPを目を凝らして読み込むようなことはあまりしません。

さすがに「事業紹介」や「製品情報」「サービスのご案内」などの事業に関わるところは飛ばし読みではありますが、一応は見てみます。でも、社長の「ごあいさつ」や「トップメッセージ」はよほど特別な事情がなければ、まったく読みません。せいぜい、社長さんのお顔を拝見するくらいです。

なぜかというと、それらの「会社のこと」を直接、自分の目で見て、自分の耳で聞くために、わざわざその会社まで足を運ぶわけだからです。

記者・ジャーナリストの中には、取材先のことを事前に徹底的に調べ上げてからインタビューに臨む人がいます。過去の新聞や雑誌の記事、テレビのインタビュー番組などを丹念に当たり、過去の発言を勉強してから質問項目を細かく設定していくタイプです。しかし、同業者に対する批判になってしまいますが、私はあまり感心しません。

それをやってしまうと、「新鮮な驚き」がなくなってしまうからです。何を聞いても、「あの記事に出てた」「あの雑誌で読んだ」となり、既知の「もう知ってる話」と化してしまいます。インタビューが「予定調和」の世界で終始してしまい、〝弾けない〟のです。

それでは、何のためにその人に直にお会いするのか、わざわざ取材に出向く目的・意味が失われることにもなりかねません。

これは、就活中の学生さんの情報収集活動についても指摘できることだと思います。人と人の関係と同じように、人と会社にも「相性」というものがあります。これは理屈ではなく、その人の感性や感覚の問題です。いい悪いとはまた別の話です。事前の下調べはもちろん大切ですが、あまりやり過ぎると、一番大事な感性や感覚を鈍らせ、会社選びの目を曇らせる危険性がある、と私は考えます。何事も過ぎたるは及ばざるがごとしで、体を動かす労を惜しんではいけません。

それでは、5つの裏読みチェックポイントの狙いを説明していきましょう。

「お客様ファースト」の程度を暴露する2つの基礎情報

①と②は、その会社がどれくらい「お客様目線」で仕事をしているか、を実にわかりやすく見せてくれる、「入り口」の最重要のチェックポイントです。

電話番号　載せ方が不親切でイヤになる会社はいっぱいあります。ネット時代の今だって、会社と社会をつなぐメインブリッジは電話だと思うんですけど、そんなことさえわかっていないのかと疑いの目を向けてしまうケースもよくあります。

ひと昔前、目を皿のようにして探しても、どこにも電話番号が載っていない企業HPが氾《はん》濫《らん》していた時期がありました。企業経営の緊急課題として情報セキュリティー対策の重要性が叫ばれ、ＩＳＯ（国際標準化機構）の「２７００１」認証の取得を目指す企業が続出した頃です。これには不便な思いをしました。

さすがに最近はこうした副作用も治まって、ほとんど消滅したようで安心しています。とはいえ、「企業概要」にたった1カ所、本社の代表電話の番号だけが控えめに掲載されているような会社はまだたくさん見かけます。これで早速、「△」マークが付きます。

そこに掛けて、目的の部署にスムーズに回してもらえる場合はまだいいでしょう。でも実際には、昔のお役所仕事のようにたらい回しにされて、イライラさせられることは少なくありません。そうした会社は、この段階でほぼ「×」マークに転落です。

同様の「不親切」は、商品・ブランド別サイトなどの電話番号の掲載の仕方と、電話したあとの対応でも見かけます。典型例が、パソコン周りの製品・サービス関連サイトの見にくさ、無愛想さ。ＰＣ本体や周辺機器、ネット接続などが不調で、復旧方法を調べようと当該サイトをのぞきにいった時に、多くの読者が体験しているであろう、あのイラ立ち・むかつきです。どこに何が書いてあるのかさっぱりわからず、自力解決を諦めてサポートを頼もうと思っても、電話番号も載っていない。懸命にスクロールして、一番下でようやく発見。露骨に「電話してくれるな」と言っているわけです。そんな番号に限って「０１２０」。逆効果もいいところ。「ふざけるな」って言いたくなります。

この点では、いまや、住民サービスに対する意識改革が進んだ自治体の対応の方がはるかに優れています。私用で居住地の区役所に問い合わせをした時も、地方の県庁や市役所に取材申し込みの電話を入れた時も、最近はイラった記憶はまったくありません。民間企業も〝住民ファースト〟を見習うべきです。

アクセスマップ これは、「お客様ファースト」の理念が身についているかどうかを一発で判定できる必須のチェックポイントです。しかも、調べ忘れることは絶対にありません。初めての会社に行く時に、これを見ない人はいないからです。

最近とみに増えているのが、「Google マップ」を貼り付けただけでオシマイにしているサイト。「Google マップ」はもちろん地図としては正確だし、拡大・縮小も、移動も自由自在だから大変便利なのですが、「アクセスマップ」としてはこれほど役に立たないものはありません。私はこれを見ただけで、怒りさえ覚えます。心証的には「トリプル×」です。

初めての場所に行く時に、私たちが求めているは「地下鉄の何番出口を出て、どっちに折れて、何番目の角をどちらに曲がるのか。そこにはどんなお店があるのか」といった情報です。つまり、必要なのは「道順」や「目印」なのであって、縮尺や道路・建物の位置の「正確さ」ではありません。「アクセスマップ＝道案内」なのです。「Google マップ」を貼り付けて事足れりと考えている会社は、そのことにまったく思いが至っていないと言わざるを得ません。そんなことで、どうやってお客様を呼び込もうというのでしょうか。

この場合、「Google マップ」より格段に優れているのは、昔ながらの手作りの「略図」です。最寄り駅から会社までの最短かつ最もわかりやすいルートを教えてくれれば、花まるマークです。略図を作る際には、要所、要所に①②③……と番号を振って、欄外に「①東京メトロ丸ノ内線・四谷三丁目駅『A1』出口を上がって右折」「②コンビニ（できれば店名で）の先の2つ目の路地を右折」というように説明を付けておくとより親切です。メリハリを付けるために、多少デフォルメすることはむしろ必要です。

これを「Google マップ」と一緒に載せておけば、文句なしです。あとは、他社や人気ショップ・レストランのHP、グルメサイトの「地図・クーポン」あたりをいろいろと見て、デザインや文章の表現などを研究しましょう。「自社らしさ」を盛り込んだオリジナリティー溢れる「アクセスマップ」を作れば、結構なインパクトを期待できるかもしれません。何といっても、ここは「入り口」なのですから。

何ですか、いま「スマホの音声ナビを使えばいいじゃん」と言った、あなた。その発言だけで「会社員」としては「×」マークです。すべてのお客様がナビアプリを使いこなせるわけではありませんよ。

「社会人」としても、ちょっと「△」気味です。あなたは大丈夫ですよね？　まさか、飲み会の会場を探して、繁華街の雑踏のド真ん中をウロウロキョロキョロ、スマホ操作に気を取られたりしていませんよね。それって、『ポケモンＧＯ』に熱中している人と同じ、ただの「歩きスマホ」です。周りも迷惑だし、酔っ払いに体当たりされてあなた自身が危険な目に遭うことになるかもしれませんよ。

でも、もしあなたが交通安全に注意しながらナビアプリを使いこなし、『ポケモンＧＯ』もマナーを守って楽しんでいるような人なら、「ビジネスパーソン」としては「○」、将来有望かも。長年ＩＣＴ業界で活躍し、アメリカ駐在も長かった同級生の親友がこう言っていました。「これからのビジネスは『ポケモンＧＯ』をやったこともないような奴には創れない」って。話が二転三転して、何を言ってるんだか、自分でもわからなくなっちゃいましたけど。

市場・消費者に向き合う姿勢の見分け方

③と④は、ビジネスの根幹に関わる企業の「商人《あきんど》としての姿勢」を問う意味で見ているチェックポイントです。「御社は本気で、お客様（顧客）や潜在顧客である一般消費者に向き合うつもりはあるのか」という質問への答えが、以下のようなところに自ずと現れているのではないか。私なりの1つの問題提起です。

情報更新頻度のバラツキ

具体的にどういうことかというと、典型的なのが「IR情報は頻繁に更新しているのに、肝心かなめの製品・サービス情報の新ネタはさっぱり上がってこない」といったタイプの企業HPです。

あなたもそんな企業HPを見たことはないでしょうか。数は多くはありませんが、私はいくつかの会社で似たような現象があったことに気づきました。どれもIPO（株式公開）を計画中、またはIPOを実現したばかりの新興企業のHPで、恐らく、急成長したベンチャーに固有の現象だと考えますが、「一体どこを向いて仕事をしているんですか？」と聞きたくなってきます。

そのうちのある加工食品会社のケースでは、新製品や季節限定商品を発売する時にはちゃんとプレスリリースを作り、つながりのあるメディアに郵送しているにもかかわらず、それをＨＰにはまったく上げていませんでした。なんとも、トンチンカンな広報活動をやっていたのです。

直接的な原因は、広報体制が十分に整っていないことにありそうです。まだ所帯が小さいため、担当者の人数が少なく、知識・経験・ノウハウも不足しているので、「何を置いても、今はＩＲ」になっていたのだろうと拝察します。

それでも、そもそも論で言えば、これは手順前後にも等しい間違った姿勢だと思います。極論すれば、この行き着く先にあるのは「本業を忘れたマネーゲーム」かもしれません。どんな場合も、真っ先に向き合うべきステークホルダーは「商品を買ってくれる消費者」です。

その他の「情報のバラツキ」には種々雑多なものがありそうです。わかりやすい例としては「目下キャンペーン中の新商品の話題は賑やかに紹介されているのに、ずっと前からある定番商品についてはラインナップのところに載っているだけ」といったケースはよく見かけます。

当然と言えば当然で済んでしまう話ですが、長年その定番商品を愛用してきた固定客・ファンは置き去りにされたようなちょっと寂しい思いを感じているかもしれません。その会社の「製品愛」やそれを支えてくれているお得意様への「お客様愛」が、そんなところからうかがえる場合だってあるのです。

自前の直販サイト

製造業の場合の話ですが、今どき、自前の直販サイトを開設していないメーカーには、業種や会社の規模に関係なく、私は「△」を付けます。土地代も家賃もかからずに新しい販売チャネルを持てるのに、なぜやらないのでしょうか。

すると、真顔でこんな心配をされる社長さんがいらっしゃいます。

「そんなことしたら、大変ですよ。お得意先の小売店さんのご商売を、製造元である私たちが妨害することになっちゃうじゃないですか」

確かに直販サイトをつくった途端にお得意先の売り上げが1割、2割も落ちたなんて事態になったとしたら、それは掟破りの大問題です。ですが、現実問題として、本当にそんなことが起きるでしょうか。

中小零細メーカーの場合は特に、実際にはネット経由で届く注文などたかがしれています。ポツリポツリ程度で、とても間尺に合わない場合の方が圧倒的に多いでしょう。

それでもやるべきだと私は考えます。オープンした時から、実質、「開店休業」状態であってもいいのです。注文が入れば、ほんのわずかでも売り上げは増えます。しかも重要なことは、ネット経由で入って来るのは「なかなかお店で見つからない」「近所に売っている店がない」といった、欲しくても買えなかった新規のお客様からの注文になる点です。要するに、潜在需要の掘り起こしにつながる、ということです。

さらに重要なのは、そうした新規客から「消費者の生の声」を聞く機会ができることです。それまで気づかなかった〝目からウロコ〟の指摘を受けたり、新鮮な意見や新しい消費トレンドに触れることができたり、〝レア&レア〟な市場の情報をライブ感を持って実感できる絶好の機会になるはずです。そこには、今後の製品開発に役立ついろいろなヒントが埋もれているに違いありません。

ここが自前の直販サイトを持つことの最大の狙いです。第4章で指摘した「コールセンターは『企業の真田丸』」と同じ意味です。インターネットのおかげで、自分の世界に閉じこもりがちな小さいメーカーでも、簡単に「社会に向かって出窓を開く」ことができるようになったのですから、やらない手はないはずです。

自力でやる余裕がない、あるいは、それでもやっぱり小売店さんの目が気になるという場合は、有力なお得意先に協力してもらって、楽天市場やアマゾンなどのｅマーケットプレイスに出店する方法もあります。検討する価値は十分にあると思います。

「企業市民」として地域社会に溶け込んでいるか

地元の公共機関へのリンク

最後の⑤は、地域コミュニティーの一員である「企業市民」として、その会社がどれくらい深く地元の人々と交流し、地域社会に溶け込んでいるかを探る手がかり、と私が考えているチェックポイントです。

多くの場合はトップページを眺めればいいだけなので、調べるのは簡単です。そこに地元の観光協会、温泉組合、世界遺産などの観光施設や人気スポットのリンク先が、バナー付きで掲載されているかどうか、を確認するだけです。

これがあると、私の好感度は確実にアップします。力を入れて取り組んでいるＣＳＲ（企業の社会的責任）活動の連携先の公益法人やＮＰＯ法人、学校・教育機関などへのリンクが張ってあったら、よりいっそう好印象を持つことになるでしょう。

地方に立地する会社にとって、「地元に溶け込んでいる」ことは文字通りの経営基盤になりますから、これはとても大事なポイント。第5章で書いた「タクシー運転手さんに社名を告げてもわからなかった」という話と言いたいことは同じです。

東京や大阪の会社であっても、工場の進出先の地域とか、創業者の出身地とか、ゆかりのある地域の関連施設や公共機関などにリンクを張ってあげれば、その地域の人たちは喜んでくれるでしょうし、社会や顧客に企業の経営姿勢や「地域愛」を示す高いパブリシティー効果が期待できると思います。〝ウェブサイト版ふるさと納税〟みたいなものです。

地域経済の活性化策の1つとして、「地産・地消」が流行語になった当時、私は商品開発セミナーなどの地方での講演で、よくこんなお話をいたしました。

「皆さんはよく『地産・地消』を口にされますが、それを実現するためにはどんなことが必要でしょうか？　実はこの言葉は正確ではありません。本当は『地産』と『地消』の間に、もう1つ言葉が入ります。それは何だと思いますか？」

答えは「地認」です。「地産・地認・地消」が正しい言い方である、と主張したのです。いくら地元で採れた生鮮品やそれを地元で加工した特産品であっても、地元の人たちに消費してもらうには、何よりもまず、地元で「認知」してもらわなければなりません。知らないのに、買ってくれるはずがありません。

こうしたセミナーでは、度々、「この新商品を、当地の『地産・地消』の新しい名産品として、東京や大阪の百貨店さんにも売り込みたい」と鼻息も荒く語る社長さんにお会いしたりもしましたが、私はわざと意地悪く「こちらではさぞや人気なんでしょうね」と切り返すことがありました。すると、大抵の場合は「それはまだ、これからの話でして……」。地元の人も知らない、そんなまがい物の「地産・地消」の名産品なんて、誰が振り向くもんですか。

会社もそれと同じこと。「誰も知らない地元の会社」では情けない限りです。

おまけ：CSR白書

ＣＳＲ活動の関連で、蛇足ですが、就活中の学生さんには、各社の『ＣＳＲ白書』は真っ先に読むべき基礎資料である、ということを強調したいと思います。冊子版を入手してもいいし、ＨＰのＰＤＦ版を閲覧、出力してもいいでしょう。

近年は、環境、人権、教育、地域興しなどの社会貢献活動だけでなく、「会社の中におけるCSR活動」の紹介により多くのページを割く企業が増えています。目下の必須項目は「ダイバーシティーの推進」や「育児休業・子育て支援制度の充実」などですが、17―18年版では間違いなく「長時間残業の追放・働き方改革」が取り上げられていることでしょう。

併せて、国・地域別の従業員数、平均年齢、平均給与、福利厚生などの基本的な人事関連情報も詳しく紹介している企業もあるので、これらを入社したあとの将来設計の参考にする手もあります。

例えば、社員の年齢別構成がグラフで載っている会社を比較して、その〝人口ピラミッド〟の形を会社選びの材料に使うこともできそうです。多くの会社は、ムンクの『叫び』みたいに間のびした「そろばん玉型」になっていますが、中には、「正ピラミッド形」は無理としても、なんとか踏ん張って「釣りがね型」を維持している会社もあります。

もしあなたが出世志向の野心家なら、先細りリスクを覚悟のうえであえて前者を目指すという選択も可能でしょうし、反対に、そこそこの競争環境の中で、長い目で「わが家安康」を考えたいという人なら、やはり後者を選択する方が無難でしょう（いずれも現時点での展望だから、何の保証もありませんので、念のため)。
まぁ、それだけの話です。あくまでも「ご参考」ということで。

情報収集は「自分で歩き・見て・聞く」こと

ネット情報のもう1つの大きなリソースは、いわゆる「書き込み情報」です。これを「一般の個人が自由に発信する意見や感想」くらいに大きく捉えれば、アマゾンなど通販サイトの「カスタマー(ユーザー)レビュー」をはじめ、「食べログ」「ぐるなび」などのグルメ・飲食店ガイドサイト、イベント情報サイト、映画情報サイト、レシピ紹介サイトなどから、就職・転職支援サイト、はては噂話・悪口サイトに至るまで、ネットには「書き込み情報」が溢れ返っています。

もちろん、「ツイッター」「フェイスブック」「インスタグラム」などのSNS(ソーシャル・ネットワーキング・サービス)や個人のブログ、ホームページのいろいろな書き込みもこれに該当します。それらの中には「会社の評判」に関する情報も当然溢れ返っています。そんな書き込み情報を「会社を見分ける材料」として活用するには、どのようにすれば良いでしょうか。

これはもう、結論をひと言で。「どうしても気になる場合だけ、気になる場所にある書き込み情報をサラッとながめるだけ」にいたしましょう。中身についても「ぜ〜んぶ、眉に唾を付けて読み流すだけ」に留めましょう。「参考情報」の中でも、重要度はかなり下位に位置付けて、あまり精力をかけない方が、貴重な人生をムダにしないための良策です。

大胆に言い切れば、「夜の街のアングラ情報のネット版」だと思っていた方が無難です。身のためです。深入りは禁物です。この話はこれで終わりです。

1つだけ、追加するとすれば、噂話・悪口サイトに実名でスレッドが立っているような会社は、そのことだけで即刻退場ものの「大×」です。書かれている話が真実かどうかを考える以前の問題で、社員のかかる行為を手をこまねいて看過・放置している社内管理体制の甘さはもとより、「会社の品格」というものに対する意識の低さは、その会社が論ずるに値しないことを自ら喧伝しているに等しいからです。以上。

企業を見分ける鉄板法則はあっても、絶対法則はない

最後に、企業の取材・情報収集活動にあたって、私がいつも心に留め置いている座右の銘をご紹介します。

「嘉肴《かこう》有りといえども、食せざれば、その味わいを知らずとは」

(どんなに美味しいごちそうがあっても、自分で実際に食べてみなければ、その味・美味しさはわからない)

これは有名な歌舞伎・文楽の名作『仮名手本忠臣蔵』の浄瑠璃の語り出しの一節です。含蓄も何もない、まんまの言葉ですが、私は気に入っています。取材活動の根底にあるものをシンプルに言い表していると思うからです。取材とは実際、この通りのことです。言い換えれば、

「自分の足で歩いて、自分の目で見て、自分の耳で聞く」ことに尽きます。すべてはここから始まります。そこから、いろいろなことを「自分の頭で考える」のです。記者の取材だけではありません。学者の研究活動も、ビジネスパーソンがこなしている仕事の1つひとつも、

「人の世の営み」はすべて、ここから始まるのだと思います。

ですから、例えば、本書のテーマである「会社を見分ける方法」を身につけるためにある程度の経験が必要になるのは仕方がないでしょう。けれども、別段、大変な苦行が待っているわけではありません。そもそもこの世界には、鉄板法則まではあっても、１００パーセント的中・ハズレなしの絶対法則などというものは存在しません。自分でできることは、せいぜい鉄板の厚さを厚くしていくことくらいです。そう考えれば、気楽なもんです。

例えば、「良い工場」を見分ける・見破るための経験だって、ご家族連れで、あるいはお友達や恋人と今流行の「社会科見学ツアー」に参加して、ビールやワインを楽しむついでに、「動線」と「段取り」を意識して工場を見てくるだけでも、随分と収穫があるはずです。

一般のバスツアーでも必ず何回か、トイレ休憩と半強制ショッピングタイムを兼ねて、地方の小さな酒蔵、味噌・醬油醸造所、お菓子工場などを無理矢理に見させられることになりますから、お疲れのところ申し訳ありませんが、「動線」と「段取り」に注意して見てきてください。それだけで、もう2、3回、「経験を積んだ」ことになるわけですよ。

毎日の通勤電車の車内での人間ウォッチングだって、休みの日に出掛けたサッカースタジアムやコンサート会場で耳にした周囲の人たちの会話からトレンドを感じ取ることだって、何でもいいんです。そんなことも、仕事やビジネスの役に立つ大事な経験になると、私は堅く固く信じています。そうやって生きてきちゃいました、この年まで。

さぁ、また明日もお仕事、頑張ってください。私も家を出る前にしっかりメガネを拭いて、また取材に出掛けます。

おわりに

この本は要するに「暗黙知を見える化する」ための手がかりをまとめているのだ、と思いながら執筆を進めました。本書の内容は、ビジネスパーソンなら誰もがきっと経験したことがあるであろう〝会社の失敗あるある話〟を集めたものに過ぎません。それを退場する時期が間近に迫ったロートル記者が自分の経験をベースにまとめた、いわば〝ビジネス版・日本昔ばなし〟か、〝ビジネス版・おばあちゃんの知恵袋〟のようなものです。

若い読者の中にはあるいは、「感覚が古くてガッカリした」という方がいらっしゃるかもしれません。けれども、開き直って言うわけではありませんが、私はそんなことは百も承知で、むしろ最初からまったく意に介することなく、本書をまとめました。

その理由は、ひとえに「日本の会社にはしくじってほしくない」と願うからです。日本の会社が〝らしさ〟を失うことなく、経営環境の激変に適応して生き残り、グローバル市場でますます大活躍してほしいのです。今さら述べるまでもなく、多くの日本企業は、内に少子・高齢化による市場の縮小、外にグローバル化による競争激化という未経験の環境変化に直面し、あえぎ苦しんでいます。

大きな会社も、小さな会社も、経営変革は待ったなしです。そのためには何が必要か。私は何よりも「過去の栄光」を捨て去ることだと考えますが、それをいまだに実行できないのが実情です。バブル以前の成功モデルや商慣習、経営手法を見直し、郷愁や悪しき慣習、悪癖をゴミ箱に捨てない限り、グローバル競争に打ち勝つことはできません。それをやるのは、過去の成功を知る私たち年寄り世代の責任です。本書で書いた「ダメな会社」や「しくじる会社」の事例は、私が自分の骸《むくろ》と一緒に墓場に持っていくようなつもりで紹介しました。

その一方で、企業経営にも「決して失ってはいけないもの」があるはずです。日本の会社固有の、恐らくは世界の他の会社には希であろう〝日本的価値〟のようなものです。それを「ガラパゴス」と言いたい人は、勝手にそう言えばいい。私は「ガラパゴス」の何が悪いのか、と思っています。欧米や他のアジア新興諸国・地域とはひと味もふた味も違う価値観で作られた「メイド・イン・ジャパン」の製品・サービス、あるいは経営手法がどれだけ世界中の人々の暮らしや経済の発展に寄与してきたか。グローバルビジネスの〝ダイバーシティー化〟に最も貢献してきたのは、この国の企業だと私は信じています。

かつて携帯電話が失敗した原因はｉモードほかの〝技術のガラパゴス化〟にあるのではなく、それを国際標準化し損なったグローバルマーケティング戦略で失敗しただけの話です。

日本企業の特質は、まさに「不易流行」にあると信じます。私が尊敬する経営者のおひとりである、５００年以上続く和菓子の老舗、虎屋の第17代当主の黒川光博《くろかわみつひろ》社長は、**「伝統とは、革新の連続である」**と語っています。至言です。日本には１００年以上続く老舗企業が、世界で一番多くあるそうです。その理由を、この黒川さんの言葉がひと言で示しているのではないでしょうか。本書で書いた「良い会社」の事例は、これからも絶対に残さなければいけない「革新の土台としての日本企業の良き伝統」を紹介したつもりです。

本書の執筆にあたっては、鳥飼総合法律事務所と辻・本郷税理士法人に専門家の視点でご協力いただいたほか、私の古い友人たちにも改めて話を聞き、そのエッセンスを反映させていただきました。心から御礼申し上げます。また、編集・制作は、日本経済新聞出版社の3人のベテラン編集者――網野一憲さん、野澤靖宏さん、赤木裕介さんがチームを結成して、担当してくださいました。3人ともかつては机を並べた同僚であり、今は公私にわたって私を支えてくれる友人です。彼らのプロフェッショナルな進行管理・編集作業がなければ、本書は完成しませんでした。今回ばかりは頭が上がりません。本当にありがとうございました。

間もなく「平成」という時代が終わることになりそうです。新しい時代が来ても、「捨て去るべきものを捨て、残すべきものを残す」ことができれば、日本の会社はこれからも世界中の人々の期待に応える新たな価値を提供できる、と私は信じています。本書がそのために、ほんのささやかでもお役に立つことを願って、一生懸命に、そして楽しく、原稿を書き上げました。どうぞほんの1コマでも結構ですので、本書の内容を頭の片隅に留め置いていただければ、これに勝る喜びはありません。

2017年5月吉日

高嶋健夫拝

――亡き妻へ。君がいなくなって2年半、ようやく新しい本を出すことができました。

高嶋健夫 たかしま・たけお

ジャーナリスト。1956年生まれ。79年早稲田大学卒業後、日本経済新聞社に入社。編集局産業部、日経ベンチャー編集部、日経文庫編集長を経て、フリーに。中小・ベンチャー企業経営、商品開発・マーケティング、バリアフリー、ユニバーサルデザイン関連の記事、著作を多数執筆。主な著書に『障害者が輝く組織』、『R60マーケティング』（共著）、『「非常識」を「常識」にして成功する経営』（構成）などがある。

日経プレミアシリーズ｜334

しくじる会社《かいしゃ》の法則《ほうそく》

二〇一七年五月十一日　一刷

著者　高嶋健夫

発行者　金子 豊

発行所　日本経済新聞出版社
http://www.nikkeibook.com/
東京都千代田区大手町一―三―七　〒一〇〇―八〇六六
電話（〇三）三二七〇―〇二五一（代）

装幀　ベターデイズ

組版　マーリンクレイン

印刷・製本　凸版印刷株式会社

ISBN 978-4-532-26334-8　Printed in Japan

日経プレミアシリーズ 337

あの会社はこうして潰れた

帝国データバンク情報部　藤森　徹

77億円を集めた人気ファンド、創業４００年の老舗菓子店、名医が経営する病院――。あの企業はなぜ破綻したのか？　トップの判断ミス、無謀な投資、同族企業の事業承継失敗、不正、詐欺など、ウラで起きていたことをつぶさに見てきた信用調査マンが明かす。倒産の裏側にはドラマがある！

日経プレミアシリーズ 324

御社営業部の「病気」治します

藤本篤志

大半の営業部は、「一日二時間以下」しか営業していない？　最も多く深刻な〝虚弱体質〟という病、「明るい人間が営業向き」「営業マンは現場で育つ」等思い込みにとらわれることで停滞する〝風評妄信〟という病――。著者がコンサル現場で出会った事例をもとに営業部が陥りやすい組織の病理を解剖、会社の売り上げを向上させる具体的な処方箋を示す。

日経プレミアシリーズ 312

心が折れる職場

見波利幸

上司がアドバイス上手、「頭のいい人」が周囲にそろっている、無駄口をきかず効率最優先……こんな職場こそ、実は心が折れやすい？　数々の事例を知る産業カウンセラーが、パワハラや長時間労働だけではない、不調を起こす本当の原因についてひもとき、働きやすい職場とは何かを掘り下げる。